MILLA.

IHS

PUBLICATIONS NOUVELLES.

COMTESSE DASH.

	vol.	fr. c.
Le Jeu de la Reine.	2 in-8	15 »
Madame Louise de France.	1 in-8	7 50
L'Écran.	1 in-8	7 50
Madame de la Sablière.	1 in-8	7 50
La Chaîne d'or	1 in-8	7 50
Le Fruit défendu.	4 in-8	30 »
La Marquise de Parabère.	2 in-8	15 »
Les Bals masqués.	2 in-8	15 »
Le Comte de Sombreuil.	2 in-8	15 »
Le Chateau de Pinon.	2 in-8	15 »

Sous presse :

LES GROTESQUES,
Par Th. GAUTIER.
2 vol. in-8.

LES BOHÉMIENS DE PARIS,
Par ROGER DE BEAUVOIR.
2 vol. in-8.

SCEAUX. — IMPR. DE E. DÉPÉE.

JULES SANDEAU ET A. HOUSSAYE.

MILLA.

PARIS
DESESSART, ÉDITEUR,
22, RUE DES GRANDS-AUGUSTINS.

MDCCCXLIII.

I

L'an 1831, par une brûlante matinée d'automne, deux voyageurs, l'un blond et l'autre brun, s'arrêtèrent en même temps à Baccano, méchante auberge assise sur le bord du chemin, à quelques milles de Rome. Tous deux étaient à pied, mais la distinction de leur allure témoignait qu'ils allaient ainsi moins par pauvreté que par goût. Leur costume était d'ailleurs celui de deux modestes piétons : sac militaire, chapeau de feutre à larges bords, blouse, bâton, guêtres de cuir; mais tout cela porté d'un si bel air et d'une si fière mine que l'observateur le plus vulgaire n'aurait pu s'y méprendre un instant. Jeunes tous deux, le plus âgé devait compter vingt-cinq ans à peine. Ils ne se connaissaient que depuis quelques heures; mais tous deux venaient de France, et quelques heures avaient suffi pour improviser entre eux une vieille amitié. Loin du pays natal, aux accents de la langue maternelle, qui ne s'est retourné, le cœur ému, vers un compatriote comme vers un ami! La patrie absente est un lien puissant; sur la terre étrangère, les fils du même sol sont frères.

S'ils n'étaient déjà frères, nos deux voyageurs étaient près de le devenir. Ils avaient en commun la patrie, la jeunesse, et, sinon la même humeur, du moins deux bonnes âmes qui ne demandaient qu'à s'entendre.

Après s'être débarrassés de leur sac et de leur chapeau, il s'attablèrent devant un repas d'assez chétive apparence, relevé toutefois par un flacon d'Ovieto qui allongeait un col étroit et mince au-dessus d'un gros ventre cerclé d'anneaux de joncs.

Il n'est rien que de voir les gens à table pour juger tout d'abord de leur état moral. En moins de quelques minutes, le voyageur brun eut, à lui seul, dévoré le repas et vidé le flacon, sans trop s'apercevoir que le voyageur blond se tenait immobile, tristement accoudé et ne touchant à rien. L'estomac apaisé, le cœur reprit ses droits.

— Vous êtes triste, Monsieur, dit le voyageur brun qui remarquait enfin l'attitude pensive de son silencieux compagnon.

Le voyageur blond ne répondit que par un pâle sourire.

— Monsieur, reprit le voyageur brun, mes

confidences encourageront peut-être les vôtres.
Je m'appelle Jacques Déglin et suis d'assez
bonne maison. J'ai le bonheur de n'être ni
peintre, ni musicien, ni poète, ni commis-
voyageur. Au dernier printemps, dans les bois
de Verrières, je me suis laissé dire, par un de
mes amis, que Rome est la ville du monde où
il se voit le plus de vieux murs et de jeunes
filles. Dès-lors mon voyage fut arrêté; car, à
mon sens, rien n'est plus charmant, plus gracieux, ni plus poétique que les vieux murs et
les jeunes filles. J'étais bien aise, d'ailleurs, de
m'assurer par moi-même que Rome n'est pas
une ville fabuleuse et que les grandes choses
qu'on en raconte ne sont pas tout à fait des
sornettes; à mesurer la taille des hommes
d'aujourd'hui, il est permis de douter de l'existence des géants. Enfin je n'étais point fâché
d'échapper en même temps aux exigences
d'une institution de fraîche date qui menace

de dépeupler la France et d'encombrer la surface du globe. Sterne, dans le *Voyage sentimental*, nous a donné une classification des voyageurs ; il appartenait à la révolution de juillet d'en créer une nouvelle espèce, celle du voyageur qui ne veut pas monter sa garde. A ces fins et causes, je suis parti et me voici. J'ai quelque bien ; au besoin je pourrais me faire traîner en *vetturino* sans écorner mon patrimoine : je vais à pied, parce qu'il me plaît. J'ai toujours rêvé d'entrer à pied dans Rome, par un beau soir d'automne. Béni soit ce rêve, puisque je lui dois de vous avoir rencontré et que je puis le réaliser en si bonne compagnie que la vôtre.

A ces derniers mots, le voyageur blond s'inclina.

— Maintenant, Monsieur, ajouta le premier voyageur, à moins que de remonter, comme Tristram Shandy, à la source de toute choses, vous en savez sur moi tout autant que moi-même. Ma confiance, d'ailleurs ne vous oblige à rien. Si vous avez des chagrins que je puisse soulager en les écoutant, je vous écoute; j'ai la prétention de tout comprendre. Suis-je indiscret ? Parlons de Rome et des Césars.

— Monsieur, répliqua le voyageur blond en souriant, je me croirais indigne de la haute confiance que vous venez de me témoigner, si je n'y répondais par une confiance pour le moins égale. Je m'appelle Raoul de Kermadec, je suis d'assez pauvre maison. Jusqu'à l'heure inespérée qui m'a valu le bonheur de votre rencontre, Sterne aurait pu me classer dans la catégorie des voyageurs ennuyés. Je voyage pour me distraire : à pied, parce qu'ainsi qu'à vous il me plaît. J'avais toujours rêvé d'entrer dans Rome par une belle matinée de printemps, mais en si bonne compagnie, je regretterai moins, Monsieur, d'y entrer par un beau soir d'automne. En vérité, j'ai dit, et vous en savez sur moi tout autant que j'en sais sur vous-même. Comptez sur ma discrétion comme je compte sur la vôtre.

Jacques Déglin comprit que le jeune homme se moquait.

—A votre aise, raillez! s'écria-t-il vivement; mais si, moi, j'ai raillé, que *la mal aria* m'étouffe! Tenez, Monsieur, bien que le soleil n'ait point encore couché sur notre amitié, bien que nous nous connaissions à peine; je vous aime, et quoique vous puissiez dire, vous souffrez.

Ces brusques paroles furent prononcées d'un ton chaleureux, d'un accent sympathique. Le voyageur blond tendit la main au voyageur brun qui la serra affectueusement dans la sienne.

—Que diable! Monsieur, ajouta-t-il, ce n'est pas ma faute, si j'ai pu vous dire en deux mots mon histoire. Je voudrais avoir une Iliade à vous raconter : cela vous distrairait peut-être. J'ai peu vécu pour mon propre compte; mais quoique jeune, j'ai beaucoup vu, et j'ai réfléchi de bonne heure; j'ai vécu en marge des autres. Vous souffrez, je le vois, je le sens et je m'en afflige.

M. de Kermadec avait repris son attitude triste et rêveuse, tandis que son compagnon l'observait avec un intérêt presque paternel. Il eût été difficile, en effet, de ne point s'intéresser à ce frêle jeune homme qui voyageait seul, à pied, sous un ciel brûlant, par des routes poudreuses, loin de sa patrie et de sa famille, à l'âge où l'on échappe à peine à la tendresse et aux soins vigilants d'une mère. Aussi plus d'une femme, lorsqu'il traversait les villages, s'écriait-elle en le suivant d'un œil attendri : « *Sicuro questo giovinetto non ha più la sua madre.* »

Le gentilhomme essaya de donner une couleur politique aux préoccupations qui l'agitaient. Il était de race bretonne; sa famille avait été cruellement frappée par le coup de foudre qui venait de fracasser le vieux trône de France. Il était parti pour échapper à l'insolence des vainqueurs et aux récriminations des vaincus, emportant au cœur la blessure des siens avec le conscience d'un avenir brisé et d'un passé irréparable. Tout ceci était vrai sans doute; mais le voyageur brun entrevit nettement que là n'était point le fond du chagrin qui se lisait sur ce pâle visage. Toutefois il n'insista pas, et tous deux reprirent leur sac et leur bâton pour ne plus s'arrêter qu'à la porte de Rome.

Ce qui devait arriver arriva. Le jeune homme était plus avide de dire le mal de son âme, que Jacques Déglin n'était curieux de l'apprendre. Mais vainement il essaya d'agacer de nouveau la curiosité de son compagnon : celui-ci se montra d'une discrétion inexorable. Il en est des confidences comme de l'amour en général, résistant à qui les sollicite, se livrant aussitôt qu'on a l'air de peu s'en soucier.

Au milieu donc d'une discussion archéologique dont Jacques Déglin faisait généreusement tous les frais :

— Puisque vous l'exigez, dit M. de Kermadec en l'interrompant, puisque vous tenez absolument à connaître ma sombre destinée...

— Veuillez croire, répondit Jacques en l'interrompant à son tour, que le vif intérêt que vous m'inspirez a été l'unique complice d'une curiosité qui vous a pu sembler indiscrète. Croyez aussi que si j'ai un instant osé faire appel à votre confiance, c'est que d'abord je m'en sentais digne, et qu'ensuite j'étais maître à peu près autant que vous-même du secret de votre sombre destinée. Vous avez, mon gentilhomme, ce qu'on est convenu d'appeler des peines de cœur. Vous aimez une belle infidèle, et, comme disent les poètes, vous traînez, rivée à votre âme, la moitié d'une chaîne rompue.

— Hélas ! vous l'avez dit, s'écria M. de Kermadec, un peu honteux de voir traiter si légèrement une chose si solennelle ; mais du moins écoutez les détails de cette histoire, et voyez s'il fut jamais destinée plus lamentable que la mienne.

— Je vous écoute, répliqua Jacques Déglin.

C'était, à vrai dire, une histoire vieille comme le monde ; c'était cette vieille histoire qu'ont chantée tous les poètes, qu'ont écrite tous les écrivains et que tous les amants ont faite : mêmes incidents, mêmes péripéties, même dénouement prévu, inévitable ! Mais dans l'orgueil de son désespoir, l'enfant croyait de bonne foi être le premier à souffrir ce que tous avaient souffert avant lui. Vanité de la douleur, qui pourra te mesurer jamais en hauteur et en profondeur! Abîme sans fond, pyramide sans fin! Il suivait l'antique *Via Cassia*; il marchait sous ce ciel déshérité, sur cette terre désolée, digne sépulcre de la grande reine, dont le cadavre blanchissait au loin dans la plaine. Eh bien! près de passer le Tibre, sous ce ciel et sur cette terre, ce petit bonhomme ne soupçonnait pas de plus grande affliction que la sienne, ni de plus grand désastre au monde que la trahison d'une femme.

Jacques Déglin avait écouté gravement le long récit de ce douloureux martyre. Quand ce fut son tour de parler, il essaya sérieusement d'en consoler et d'en distraire le mélancolique héros, mais celui-ci repoussa bien loin toute chance de salut et de guérison. A l'entendre, il était cloué dans un triple cercueil, d'où nulle puissance humaine ne pouvait désormais l'arracher.

— Nous verrons, dit Jacques, qui semblait avoir quelque expérience des choses de la passion ; Rousseau raconte qu'il oublia son amour en apercevant le pont du Gard ; peut-être, en présence du Colysée, allez-vous oublier le vôtre ?

Le jeune homme secoua la tête, et un sourire dédaigneux releva le coin de ses lèvres.

— Je ne sais, dit Jacques ; mais croyez qu'à notre âge le cœur n'a point d'abîme de douleur qui ne puisse être comblé par une goutte de rosée, pas de nuit sombre qui ne puisse être illuminée par un regard ou par un sourire.

M. de Kermadec ne répondit pas. Il sentait en lui une nuit éternelle, un abîme incommensurable. Tous deux poursuivirent silencieusement leur route, préoccupés, l'un de ses regrets, l'autre des grands souvenirs qu'il éveillait sous ses pas. Le soir du même jour, avant le coucher du soleil, ils entrèrent dans Rome par la porte du Peuple. Ce fut le 15 septembre 1831. Or, le même soir, à la même heure, il y avait, dans le quartier du Capitole, une fille éclatante de beauté, de bonheur et de jeunesse, une adorable créature jusqu'à présent aimée du ciel, qui, certes, ne se doutait guère, au milieu de ses oiseaux et de ses fleurs, qu'un homme qui la tuerait, jour pour jour, deux années plus tard, entrait en cet instant dans Rome.

Nos deux voyageurs se firent conduire dans une hôtellerie où l'on mit à leur disposition deux chambres contiguës : ces deux chambres avaient chacune une fenêtre ouverte de plain-pied sur une terrasse qui dominait une cour plantée de figuiers. Toutes les maisons qui donnaient sur la même cour avaient chacune sa terrasse plus ou moins chargée de fleurs.

Le soir même de son arrivée, M. de Kermadec entrevit sur la terrasse vis-à-vis, au milieu des orangers et des lauriers roses qu'elle arrosait de sa brune et fine main, une jeune fille d'une beauté grave et sereine. En apercevant le jeune homme, elle s'arrêta et se prit à sourire. Comment donc, en effet, aurait-elle pu penser qu'en souriant à cet autre enfant, beau comme elle, elle souriait à son bourreau? Au même instant, une voix de l'intérieur cria le doux nom de Milla, et la jeune fille, à ce nom, s'enfuit et disparut comme une ombre.

II

Tous ceux à qui il a été donné d'accomplir, à la fleur de l'âge, dans la fraîcheur de la jeunesse, ce classique voyage, rêve de toutes les imaginations quelque peu enthousiastes, abreuvées de bonne heure aux sources de l'antiquité, tous ceux-là, dis-je, savent combien est grande et solennelle la première nuit passée dans Rome, quelles grandes images assiégent le chevet, quelles voix mystérieuses hâtent et précipitent l'heure impatiente du réveil.

Au point du jour, Jacques Déglin était sur pied.

— Allons ! debout, mon gentilhomme, s'écria-t-il en entrant dans la chambre de M. de Kermadec qui dormait à demi, encore tout meurtri de sa dernière étape ; vous croyez-vous à Landernau ou bien à Brives-la-Gaillarde ? Debout ! allons fouler la cendre des héros.

M. de Kermadec se leva d'un air affaissé. Il s'était couché dans sa douleur, sur les bords du Tibre, comme autrefois sur les bords de la Seine. Toutefois, entre la veille et le sommeil, il s'était rappelé vaguement le sourire qui l'avait accueilli, et au milieu des préoccupations qui l'obsédaient ce souvenir avait glissé, comme un rayon de soleil, dans le cœur du jeune inconsolable. Il se garda bien d'avouer à son compagnon ce qu'il ne s'avouait d'ailleurs pas à lui-même ; mais, au lieu des grandes voix qui murmuraient aux oreilles de Jacques Déglin les noms de la Rome héroïque, M. de Kermadec en écoutait, à son insu, une plus jeune et plus charmante qui lui disait tout bas le doux nom de Milla.

Déglin avait-il dit vrai ? Avait-il suffi d'un sourire pour éclairer cette nuit sombre ? Près de sortir, le jeune homme s'avança machinalement sur la terrasse, mais tout dormait autour de lui ; le jour se levait à peine, et pas une fenêtre n'avait encore ouvert ses volets sur la cour plantée de figuiers.

Notre intention n'est pas de suivre pas à pas nos deux voyageurs à travers les ruines du *Campo-Vaccino,* ni de compter avec eux les arcades du Colysée ; nous n'avons nullement la prétention de vouloir jouer auprès de nos lecteurs le rôle de Corinne vis-à-vis d'Oswald. Disons seulement, à la louange de nos deux amis, qu'ils n'étaient ni de ces niais admirateurs qui se pâment devant un tronçon de colonne brisée, ni de ces touristes impertinents qui font fi de tout ce qu'ils rencontrent. Leurs impressions étaient vraies et naïves : ils s'y livraient sans gêne et sans effort, ils les rendaient sans étude et sans art ; l'un tout entier au culte du passé, l'autre y mêlant les préoccupations de son âme. Cependant, au milieu du Colysée, M. de Kermadec ne put se défendre de partager l'émotion de Jacques Déglin. Comme Rousseau devant le pont du Gard, il oublia son mal et ne sentit plus sa blessure. Mais cet instant fut rapide ; tout d'un coup le pauvre enfant cacha sa tête entre ses mains, et des larmes abondantes coulèrent le long de ses joues. Il venait de penser que les merveilles qu'il admirait, triste et solitaire, ils s'étaient promis, elle et lui, de les visiter ensemble, dans la joie de leur tendresse, dans l'ivresse de leurs amours, — et il pleurait. Jacques Déglin se tenait près de lui, touché sans doute, mais non moins surpris des larmes qu'il voyait couler.

— Songez donc, mon gentilhomme, s'écria-t-il enfin, qu'il y a eu là, dans cette même enceinte, une foule d'honnêtes gens qui vous valaient peut-être, et qui auraient volontiers échangé leur position pour celle où vous vous trouvez à cette heure.

— Allez, répliqua M. de Kermadec, il y a bien des martyrs dont le sang ne rougit pas l'arène. L'amour a, lui aussi, ses lions et ses panthères qui nous rongent le sein.

— C'est égal, ajouta Jacques Déglin, vous avez beau dire, mieux vaut sentir au sein une demi-douzaine de ces panthères-là, que d'avoir seulement à ses trousses un bon lion de Numidie qui n'a pas mangé depuis huit jours.

— Vous avez, Monsieur, dit Raoul de Kermadec avec fierté, une singulière façon de consoler les gens. Vous oubliez trop, il me semble, que nous ne nous connaissons que d'hier et que je n'ai point demandé secours à votre philosophie.

A ces mots, il fit quelques pas pour s'éloigner, mais Jacques Déglin courut à lui; il avait voulu, non pas offenser les douleurs de son jeune ami, à Dieu ne plaise! mais seulement les dépouiller du costume épique dont celui-ci les revêtait avec trop de complaisance. Il s'excusa de bonne grâce et tous deux poursuivirent leurs pérégrinations dans Rome. Ils prirent leurs repas à l'aventure et ne rentrèrent au logis que sur le tard. M. de Kermadec remarqua que les volets de l'appartement qui faisait face à sa chambre étaient restés fermés tout le jour, et vainement son regard chercha, sur la terrasse chargée de fleurs, la jeune fille qu'il avait aperçue la veille.

A part la tristesse du jeune homme, leur vie s'écoulait doucement, non sans poésie, ni sans charme. Ils avaient l'un et l'autre le sentiment des arts et de la nature, l'intelligence et le goût des belles choses. A l'encontre de certaines gens qui déclarent l'Italie prostituée, ils la trouvaient belle comme une vierge et bien au-dessus de ce qu'ils avaient rêvé. Chaque jour resserrait plus étroitement les liens de leur intimité. Sous des dehors un peu froids, un peu sceptiques et parfois railleurs, Jacques Déglin cachait une âme plus tendre et plus sensible qu'il ne voulait le laisser croire. Il finit par s'intéresser vivement au jeune homme que le hasard lui avait fait rencontrer, et par lui vouer une affection vraiment fraternelle. Leurs journées se partageaient entre l'étude, les excursions et les musées. Ils avaient échappé à toutes relations avec les touristes et les artistes, deux fléaux qui infestent l'Italie en général et Rome en particulier. Ils aimaient, le soir, à se retrouver sur leur terrasse, et là ils mêlaient, avec la fumée de leurs cigares, des réflexions gaies ou sérieuses sur ce qu'ils avaient vu et senti ; ils parlaient aussi de la France, de leurs familles, de leurs jeunes années, et ces soirées dont ils ont gardé le souvenir, s'écoulaient en heures charmantes. Dans ces conversations, le nom de la belle infidèle revenait sans cesse et sans fin ; mais Jacques s'était fait l'humble serviteur du désespoir de M. de Kermadec ; il avait épousé sa passion malheureuse ; il ne se lassait point de l'entendre ; il était, comme il le disait lui-même, le vase dans lequel tombaient goutte à goutte les larmes de son jeune ami. Il en était arrivé à connaître cette cruelle beauté, cause de tant de maux, tout autant que Raoul lui-même, et bien que celui-ci ne parlât d'elle qu'avec l'exaltation de l'amour et de la douleur, le bon Déglin la détestait cordialement et ne dissimulait point l'aversion qu'elle lui inspirait ; il était, pour nous servir de l'expression toute moderne d'un illustre écrivain, l'envers de l'amour de Raoul : il en était la haine.

Cependant les volets de l'appartement qui donnait sur la terrasse chargée d'orangers et de lauriers-roses, étaient restés fermés depuis le soir de l'arrivée de nos deux amis à l'hôtellerie, et la jeune fille n'avait point reparu au milieu de ses fleurs. M. de Kermadec s'en préoccupait malgré lui ; dans son chagrin, ce devint comme une idée fixe. Un jour, en l'absence de Déglin, qu'il ne voulait pas rendre témoin de ses faiblesses, il s'avisa d'interroger son hôtesse, la signora *Calosi*, bonne femme sur le retour qui ne demandait qu'à jaser. Après un long préambule dans lequel la *padrona* passa impitoyablement en revue tout le voisinage et tous ses locataires passés et présents, M. de Kermadec apprit enfin que la maison aux volets fermés était habitée par *il signor' Naldi,* vieil avare qui, au dire de la charitable hôtesse, avait laissé, quoiqu'il fût riche comme Crésus, mourir *la signora Naldi* de faim. La jeune fille que Raoul avait entrevue était *la signorina Naldi, ragazza di garbo,* ajoutait *la signora Calosi.* Elle se nommait *Camilla;* mais par un de ces gracieux diminutifs familiers à la langue italienne, on l'appelait plus communément *Milla* ou *Milleta.* Le père et la fille étaient partis dernièrement pour *la villa Naldi,* située à quelques milles de Rome, aux alentours de Tivoli. Raoul remercia la complaisante hôtesse, qui ne lâcha prise et ne se retira qu'après avoir conté d'une façon moins que bienveillante la biographie de tous les voisins qui, en cet instant, se tenaient imprudemment à leur fenêtre.

Jacques Déglin rentra au bout de quelques heures.

— Savez-vous, lui dit M. de Kermadec après

quelques détours, que nous sommes vraiment bien étranges? Il semble que nous ayons pris racine dans les vieux murs de Rome, comme le lierre et les ronces sur les ruines du Colysée. Sans parler d'Albano et autres lieux charmants qui nous invitent, nous oublions Tivoli, nous négligeons Tibur, qu'a chanté votre Horace; car Horace est votre poète, le poète que vous aimez.

— Je ne l'ai jamais lu, dit Déglin, si ce n'est au collége, où ses odes m'ennuyaient fort.

— Du moins, avez-vous entendu parler des cascatelles, du temple de la Sybille et de la grotte de Neptune?

— Comme il vous plaira, répliqua Déglin, toujours docile et prêt aux caprices de cet enfant. J'ai vu tant de temples depuis quinze jours, qu'à vrai dire, je ne suis pas dévoré du désir de voir le temple de la Sybille. La grotte de Neptune me séduit peu; j'ai de l'Olympe par-dessus la tête. Les cascatelles doivent être une demi-douzaine de miniatures de la cascade de Terni. Je visiterais avec une religieuse émotion la prison où le Tasse a gémi ; mais je suis médiocrement attiré, je l'avoue, par le coin de terre où le favori d'Auguste sablait le vin de Falerne parfumé de roses. Je n'aime que les poëtes malheureux ; je baise avec transport la trace de leurs larmes. Les poëtes heureux me trouvent indifférent, et les lieux consacrés par leur bonheur disent peu de chose à mon âme. Quoi qu'il en soit, allons ! s'il vous plaît, ami, nous partirons demain.

— Pourquoi pas aujourd'hui même ? dit M. de Kermadec ; la chaleur du jour est tombée, la soirée sera fraîche et sereine. Nos chevaux ont eu le temps de se reposer, ajouta-t-il en montrant les deux bâtons amis qui dormaient côte à côte dans un coin de la chambre. Allons coucher à Tivoli ; demain matin, aux blancheurs de l'aube, nous saurons si les échos y répètent encore le doux nom de Délie.

Jacques Déglin prit silencieusement dans un tiroir quelques écus qu'il glissa dans sa poche; puis, s'étant armé de son bâton ferré :

— Partons ! s'écria-t-il en tendant la main à Raoul.

Ce qui fut dit fut fait ; le soleil était encore sur l'horizon, que les deux amis allongeaient le pas sur le chemin poudreux de Tibur.

Ils arrivèrent par une de ces belles nuits étoilées dont la splendeur et la magnificence sont inconnues sous le ciel gris de la France. Après avoir soupé dans une auberge près du temple de la Sibylle, comme il était trop tard pour flâner le long des côteaux, ils prirent le parti d'aller dormir, bercés par le bruit du poétique Anio, dont les eaux tombaient en mugissant dans la grotte du dieu Neptune. Le lendemain, aux premières clartés du jour, Raoul se leva sans réveiller son compagnon, et, tout en s'informant de la route qu'il devait suivre pour se rendre aux cascatelles, il demanda négligemment si l'on ne connaissait pas la *villa Naldi* dans les environs. On connaissait beaucoup de *villa* aux alentours de Tivoli, la *villa d'Est*, la *villa Adrianna*, une foule d'autres *villa*, mais la *villa Naldi*, point; nul n'en avait entendu parler. Qu'importait-il à M. de Kermadec? Il ne put s'empêcher de sourire de la question qu'il avait faite, et s'alla promener çà et là, sans plus se soucier de la *villa Naldi* que s'il n'eût jamais entendu prononcer ce nom.

Au premier pâtre qu'il rencontra sur sa route :

— *Ovè sta la villa Naldi?* demanda Raoul.

— *Chi lo sa!* répondit le pâtre en passant.

Raoul continua son chemin au hasard, peu

soucieux du but, au gré de ses rêves, uniquement préoccupé des regrets qui le suivaient partout, tout entier aux préoccupations du mal qui le consumait. Certes, celui qui serait venu dire à ce jeune homme qu'à son insu le diamant de sa douleur était entamé, et qu'une étoile, encore, il est vrai, presque imperceptible, mais promettant de briller bientôt d'un plus vif éclat, pointait déjà sous la nuée qui lui cachait l'azur du ciel, celui-là l'aurait étrangement surpris, surtout cruellement blessé dans son orgueil et dans son amour. Sa vie n'était-elle point close à jamais? En dehors de son désespoir, que lui faisait le reste du monde?

Une contadine vint à passer.

— *Sapete, carina,* lui dit M. de Kermadec, *ovè sta la villa Naldi?*

— *Dio lo sa!* répondit sans s'arrêter la contadine.

Le soleil, ainsi que disent les poëtes, était au milieu de sa carrière; les arbres n'avaient plus d'ombre. Or, il n'est point de désespoir amoureux, quel qu'il soit, qui puisse empêcher un jeune et gentil garçon qui s'est levé avec l'aube, d'éprouver, sur le coup de midi, quelque chose de pareil à la faim, surtout si le jeune éploré a battu, durant sept ou huit heures, les côteaux et les vallons: Raoul se sentait au bout de ses forces, disons le mot, affamé. Sans s'en douter, il s'était éloigné de Tivoli de plus d'une lieue; il tourna autour de lui un regard plein d'anxiété pour voir s'il n'apercevrait pas une ferme où l'on pourrait offrir à son appétit quelques tranches de mortadelle; pas un toit ne blanchissait dans le paysage, pas un brin de fumée ne tachait l'horizon.

Cependant, il longeait depuis quelques instants un mur d'enceinte qui révélait nécessairement une habitation prochaine. En effet, il s'arrêta bientôt devant une grille de fer qui lui permit de voir, au bout d'une allée de tulipiers et de sycomores, une maison d'assez belle apparence, et pouvant, au besoin, passer pour un château. Raoul s'était laissé dire qu'en Italie les châteaux sont peu hospitaliers ; que si l'hospitalité ne s'y vend pas, elle ne s'y donne pas davantage, et qu'enfin, dans leurs salles peintes à fresque, les propriétaires eux-mêmes font parfois assez maigre chère. Il eût frappé, sans hésiter, à la porte d'une ferme modeste ; malgré la faim qui le pressait, il ne toucha point à la sonnette de la grille, et s'éloigna en suivant d'un œil de convoitise la fumée qui montait au-dessus du toit, dans le bleu du ciel. Dans la campagne de Rome, par cette chaude saison, ce ne pouvait être, à coup sûr, que la fumée de la cuisine.

M. de Kermadec se préparait à prendre un sentier qui devait le ramener à Tibur, lorsqu'à l'angle du mur qu'il venait de doubler, il entendit une voix jeune et fraîche qui partait de l'enclos, sous un massif de grenadiers dont les fleurs rouges regardaient curieusement sur la route. Cette voix chantait sans art et sans apprêt, comme on chante dans la solitude, une canzonette florentine qui commence par ces deux vers :

> Son' rimasta vedovella
> Su la bell' fiore dell' anni miei.

L'air en était doux, triste et monotone. Raoul s'arrêta charmé; puis, par je ne sais quelle curiosité d'enfant, il grimpa sur le mur comme un chat sauvage, il écarta les branches des grenadiers, et passa sa tête dans l'enclos.

Au bruit que firent les rameaux sous la main qui les écartait, une jeune fille, qui se tenait assise sur un tertre de gazon, leva les yeux et se prit à sourire, sans trouble et sans effroi, à la blonde tête qui la regardait. Ils restèrent ainsi quelques instants à se contempler l'un l'autre en silence; puis tout d'un coup, la belle enfant ayant détaché une des fleurs, moins fraîches que son frais sourire, elle la jeta par-dessus le mur et s'enfuit comme une gazelle; c'était la signorina *Naldi*, Camilla, Milla, Milleta.

Raoul ne trouva pas un mot pour la retenir. Tant qu'il put apercevoir sa blanche robe qui glissait, comme un lys, à travers le feuillage, ses bruns cheveux que soulevait la folle brise, le jeune homme resta sur le mur, le col tendu, l'œil rivé sur l'apparition fugitive. Enfin, lorsqu'elle eut disparu au détour d'une allée, il sauta à terre, releva la fleur de grenadier et la porta machinalement à ses lèvres, sans se dire que le moindre grain de mil ferait bien mieux son affaire. Il avait oublié sa faim.

Sans trop savoir pourquoi, sans trop se demander comment, M. de Kermadec s'en revint d'un pied léger, d'un cœur presque content ; tout avait changé d'aspect autour de lui : les ombrages étaient plus verts, l'air plus embaumé, le soleil plus indulgent. Il trouva son compagnon profondément endormi dans le temple de la Sibylle.

—D'où sortez-vous? s'écria Déglin en se réveillant. Je vous ai cru mort. Je rêvais que vous étiez tombé dans la grotte de Neptune, et qu'un gros Triton vous avait emporté sous les flots. Puisque vous voici, j'espère que nous allons, sans plus tarder, reprendre la route de Rome. Assez de cascatelles! quant à votre temple, vous avez vu le cas que j'en fais et de quelle façon j'y passais le temps.

— Jacques, vous n'y songez pas! répliqua vivement Raoul. Si vous pouviez seulement vous douter des merveilles qu'enferme ce pays à deux lieues à la ronde, vous voudriez planter ici votre tente. Imaginez-vous un enchantement perpétuel !

— Laissez donc, s'écria Déglin; vous êtes de plaisantes gens avec votre Tibur. Nous avons en France cent vallées, toutes plus charmantes, et que vous traversez sans seulement y prendre garde. Il n'est pas une de nos provinces qui n'ait une rivière plus gracieuse que votre Anio. Je me soucie bien, moi, qu'il murmure le nom de Lydie, si les truites en sont détestables.

A ces derniers mots, qui lui rappelèrent qu'il n'avait rien mangé depuis la veille, Raoul entraîna Jacques dans la *locanda*.

— Je vous jure, dit-il en se mettant à table, que ce pays mérite une attention plus longue, un examen plus sérieux et plus détaillé. En lui-même, Tivoli n'a rien qui me ravisse fort, et je lui préfère à coup sûr le Clisson de ma chère Bretagne ; mais, comme centre d'excursions poétiques, croyez-moi, Déglin, c'est admirable. Non, vous n'avez pas idée des sites merveilleux que j'ai vus ce matin, pendant que vous dormiez. Vous en serez charmé. Des lignes d'une pureté, d'une netteté! des aspects si variés! des horizons si chauds! des montagnes si bleues! Et puis, quoi que vous en disiez, je vous assure, Déglin, que voici du poisson qui n'est pas désagréable.

— Allons! dit Jacques avec un soupir de résignation, plantons donc ici notre tente!

— Je prétends, ajouta Raoul, vous faire admirer aujourd'hui même, avant la tombée de la nuit, un des plus magnifiques points de vue que cette terre, aimée du ciel, puisse offrir aux regards de l'homme.

— Nous verrons bien, répondit Jacques.

En effet, le soir du même jour, les deux amis, Déglin guidé par Raoul, se dirigèrent vers *la villa Naldi*. Chemin faisant, Raoul s'évertuait à trouver à chaque pas des sites ravissants qu'il indiquait à l'admiration de Jacques; il s'extasiait à chaque bouquet d'arbres, il s'exclamait au moindre accident de terrain, si bien que le bon Déglin ne savait qu'imaginer ni que dire. Mais c'était surtout à *la villa Naldi* que l'attendait M. de Kermadec; c'était de là qu'on découvrait le magnifique point de vue dont il avait été question. Après une bonne heure de marche, ils arrivèrent enfin devant la grille du château. Raoul s'arrêta, croisa ses bras sur sa poitrine et regarda son compagnon d'un air qui semblait vouloir dire : — Eh bien ! mon vieux, comment trouvez-vous cela ?

Déglin mit résolument ses mains dans ses poches, et regarda son petit ami d'un air à la fois réfléchi et goguenard.

— Ah ! ça, mon gentilhomme, s'écria-t-il, est-ce une mystification, et vous moquez-vous de moi ? ou bien seriez-vous, par hasard, propriétaire de ce méchant enclos, et voudriez-vous vous en défaire? Si vous quêtez des chalands, je n'en suis pas, merci!

— Comment, malheureux! s'écria Raoul, ces horizons ne vous disent rien! Vous êtes froid devant ces côteaux d'azur que le couchant revêt d'un manteau de pourpre et d'or! Ces vallées mystérieuses, où Vesper s'apprête à descendre, ne parlent point à votre âme!

— Vous êtes fou, mon cher, dit Jacques Déglin avec humeur; je ne vois rien en tout ceci qui mérite les frais d'enthousiasme et de poésie auxquels vous venez de vous livrer sans mesure. Parlons franchement : vous n'êtes pas un niais, je ne suis pas un sot, quel intérêt ici vous amène?

A cette question qu'il ne s'était peut-être pas encore adressée, tant le cœur de l'homme est ingénieux à se tromper lui-même, Raoul se troubla et rougit.

— Ce matin, dit-il, non sans quelque embarras, le paysage était mieux éclairé, les horizons étaient plus nets, les accidents plus pittoresques; mais je vous promets, au lever de la lune, un spectacle vraiment enchanteur.

Comme il parlait, Jacques Déglin aperçut, dans le massif de grenadiers, une tête jeune et curieuse qui regardait au-dessus du mur, et que son aspect fit disparaître presque aussitôt, sans que Raoul eût rien remarqué. Ce fut pour Jacques un trait de lumière dont le paysage lui parut illuminé beaucoup mieux qu'il n'aurait pu l'être par le soleil ou par la lune. Il comprit tout; mais comme c'était un esprit aussi délicat que clairvoyant, il ne voulut point humilier son jeune ami qui, la veille encore, l'entretenait de sa douleur inconsolable et de ses regrets éternels.

—Eh bien! s'écria-t-il, en y regardant mieux, vous avez raison peut-être. Voilà des lignes d'une pureté, d'une netteté ! comme vous disiez ce matin. Tenez, ce pin qui s'aperçoit là-bas, à l'horizon, est d'un effet qui m'enchante. Plus près de nous, ce bouquet de mélèzes est saisissant; et comment trouvez-vous l'angle de ce mur, avec ses touffes de grenadiers en fleurs? Raoul, vous ne m'aviez point parlé de l'angle de ce mur. L'angle de ce mur est d'une grâce bien séduisante; il faudrait n'avoir point d'yeux pour ne pas en être charmé.

— J'en étais sûr ! dit Raoul d'un air de triomphe; j'étais sûr que vous seriez de mon sentiment.

— La lune monte dans le ciel ! s'écria Déglin d'un ton mélancolique; le vent du soir se lève et soupire; les concerts de la nuit commencent. C'est l'heure où j'éprouve le besoin d'aller rêver seul dans le creux des vallées ombreuses. Laissez-moi m'éloigner, ô Raoul ! et ne troublez pas de votre présence les méditations de mon âme.

M. de Kermadec, qui n'avait jamais vu son ami monté sur un si haut ton, bénit le ciel qui lui envoyait si fort à propos ces démangeaisons poétiques.

— Ne vous gênez pas, Déglin! s'écria-t-il, je sais trop bien moi-même ce que ces heures de la nuit apportent aux âmes rêveuses.

— Heures du recueillement, qui ne vous connaît pas! dit Jacques.

— Déglin, s'écria Raoul en lui prenant la main, vous souffrez, vous aussi; vous avez des peines secrètes.

— Que de martyrs dont le sang ne rougit pas l'arène! dit Déglin.

Et il s'éloigna, le front baissé, les mains dans ses poches, d'un pas lent et triste.

Une fois seul, Raoul se mit à rôder, comme un jeune loup autour de l'enclos, mais vaincment. La gazelle effarouchée s'était enfuie pour ne plus revenir. Il grimpa sur le mur, il écarta les branches, mais le nid était vide. Il était là depuis quelques instants, quand soudain il entendit une voix cassée et grondeuse qui ne l'invitait pas précisément à prendre des sorbets au château. Raoul s'empressa de descendre et d'aller rejoindre Déglin qu'il trouva sifflant un air d'opéra français et s'amusant à jeter des cailloux contre le tronc des arbres. Ils s'en revinrent en devisant, Jacques raillant un peu; M. de Kermadec, moins enthousiaste au retour qu'il ne s'était montré au départ, et trouvant décidément que le point de vue, qui se découvrait le long du mur de la *villa Naldi*, perdait ses grandes beautés après le coucher du soleil.

Le lendemain, Raoul fut moins heureux qu'il ne l'avait été la veille. Au soleil levant, il prit le chemin de la *villa,* mais il dut s'en revenir sans avoir seulement entrevu une boucle des cheveux de *la signorina*. Les jours qui suivirent, même désappointement. Toutefois, par une belle matinée, il eut la joie d'apercevoir, à travers les barreaux de la grille, au lieu de Milla qu'il cherchait, un horrible petit vieillard qui se promenait dans ses allées, en culotte de nankin et couvert d'une espèce de camisole à grands ramages qui lui tombait jusqu'à mi-corps. C'était à coup sûr le vieux ladre qui, au dire de la *Calosi*, avait laissé mourir *la signora Naldi* de faim; c'était infailliblement la voix hargneuse qui avait un soir apostrophé galamment Raoul. A cet aspect, le jeune homme s'enfuit avec épouvante. Le lendemain, il trouva tous les volets du château hermétiquement fermés; la grille était aussi fermée à double tour. Raoul ramassa le long du mur une fleur de grenadier, trop fraîchement épanouie pour s'être détachée d'elle-même ; c'était là sans doute un adieu.

— Mon bon Déglin, dit-il en rentrant, ne pensez-vous pas qu'il serait temps de retourner à Rome? J'ai hâte de retrouver notre *Campo-Vaccino* et les loges du Vatican.

— Retournons à Rome, répondit Déglin qui, à toutes les propositions de M. de Kermadec, répondait comme Pylade à Oreste. — *Eh bien! il la faut enlever.* — Ou bien — *Allons, Seigneur, enlevons Hermione.*

Le même jour, ils rentrèrent dans Rome, qu'ils avaient quittée depuis plus d'une semaine. En mettant le pied au logis, M. de Kermadec sentit son cœur ému et bondissant, ce vieux cœur, ce cœur éteint qu'il avait lui-même enseveli dans un cercueil de plomb. Mais, ô déception imprévue! ô! désappointement sans exemple! les volets de la *casa Naldi* n'avaient point été rouverts et la terrasse-

grettait encore la plus belle de toutes ses fleurs.

Interrogée discrètement, *la padrona Calosi* répondit que le seigneur *Naldi* avait dû tout récemment se rendre avec sa fille à Florence, où l'appelaient des affaires de succession. Il était impossible de préciser l'époque de leur retour : *la padrona* pensait qu'ils passeraient l'hiver en Toscane.

Rendons à M. de Kermadec la justice de dire qu'il prit là-dessus bravement son parti.

— Après tout, que m'importe, s'écria-t-il ; et n'est-il pas honteux qu'une enfant que je n'ai entrevue qu'à peine ait pu me distraire un instant de mon mal et me faire oublier ma douleur ? Que dirait Déglin, s'il était dans le secret de mes lâches faiblesses ? Hélas ! n'ai-je pas justifié la cruelle adorée que je pleure, et de quel droit l'accuserai-je d'avoir failli à notre amour, s'il suffit de deux sourires pour me rendre moi-même infidèle et parjure?

Ainsi, en moins de quelques jours, il retomba plus avant que jamais dans l'abîme de sa douleur. Déglin essaya vainement de l'en arracher ; M. de Kermadec se montra rebelle à toutes les distractions que cet excellent garçon essaya de lui procurer.

— Retournons à Tivoli, disait-il souvent en lui prenant affectueusement les mains; vous aimez ce pays. Pour ma part, je ne serai point fâché d'admirer une fois encore le magnifique point de vue que l'on découvre le long du mur de la *villa Naldi*.

Raoul ne répondait qu'en secouant tristement la tête, et Déglin, qui n'osait qu'à peine toucher à ce jeune cœur, ne le pressait pas davantage. Il eût donné tout au monde pour pouvoir offrir à son ami la tête qu'il avait, un soir, aperçue au milieu des grenadiers en fleurs, mais il ne savait où la prendre ni où la chercher.

M. de Kermadec arriva bientôt à un état de langueur alarmant. Désespéré de le voir s'affaisser ainsi et dépérir, Déglin pensa qu'un changement de lieu lui serait salutaire, et bien qu'il entrât dans ses projets de passer l'hiver à Rome, il lui conseilla de partir pour Naples et lui proposa de l'accompagner.

— Partons, lui dit-il, Naples nous appelle. Rome est un tombeau ; le chagrin s'y repaît trop à l'aise. Sur cette terre désolée, vous rencontrez trop de complices. J'ai regret de vous avoir laissé trop longtemps respirer cet air énervant. Allons à Naples, vous rajeunirez, vous refleurirez au millieu d'un printemps éternel. Nous y mènerons une vie plus active ; nous verrons un peu de monde. Le monde a cela de bon qu'il nous blesse et qu'il nous irrite. La nature se prête trop complaisamment aux dispositions de notre âme; le monde les contrarie, et par cela même il est bon. Venez, reprenons le sac du voyageur et le bâton du pèlerin. Vous savez que je vous aime et que je suis prêt à vous suivre.

M. de Kermadec fut touché; il embrassa Déglin. L'idée de quitter Rome ne lui déplaisait pas.

— Oui, partons, s'écria-t-il; mais pourquoi irions-nous à Naples? N'avez-vous rien qui vous attire sur les rives de Parthénope?

— Rien, je vous jure, répliqua Déglin. Préférez-vous Venise? aimez-vous mieux Gênes? choisissez-vous Milan? Parlez, je vous suivrai partout.

— Si nous allions à Florence? dit Raoul; ce nom seul me charme et m'attire: *Firenze*, la ville des fleurs!

— Va pour Florence! s'écria Déglin. Songez

toutefois que l'hiver y est froid, et que toutes les cheminées y fument.

— Si vous le voulez bien, dit Raoul, nous irons à Florence.

— Partons pour Florence! s'écria Déglin.

Et voilà nos deux amis faisant leur sac et s'assurant que rien ne manquait à leur équipage. La *signora Calosi* fondait en larmes de les voir partir aussi tôt. Des Français si aimables! des jeunes gens si braves! la joie, l'orgueil et l'ornement de la *casa Calosi!* La *padrona* jurait par le corps de Bacchus qu'elle mourrait le huitième jour après leur départ. Pour l'engager à vivre, Jacques et Raoul lui promirent de revenir à l'époque de la semaine sainte.

— *Bravissima gente, Francesi!* s'écriait la sensible hôtesse en comptant son argent; ce qui voulait dire, à la louange de notre nation, que les écus français sont les meilleurs écus du monde.

L'heure du départ approchait. Les passeports étaient en règle. Nos deux compagnons avaient revêtu la blouse de toile grise et passé les guêtres de cuir à leurs jambes. Bien que la saison fût fort avancée, les journées étant encore brûlantes, ils avaient décidé qu'ils ne partiraient que le soir et qu'ils iraient coucher à Baccano pour leur première étape. Ils se faisaient une fête de passer la nuit dans cette méchante auberge où ils avaient échangé leurs premières confidences.

Tandis que Déglin achevait de bourrer son sac, M. de Kermadec s'était jeté sur son lit : triste, accablé, mais, à son insu, Florence lui souriait de ce divin sourire qui avait deux fois illuminé la nuit de son cœur. La fenêtre de sa chambre était ouverte, le jour commençait à baisser. Il pensait, il rêvait à son passé si douloureux ; en même temps un secret espoir glissait sur son âme, comme une brise carressante, et Raoul voyait reluire à l'horizon la petite étoile mystérieuse qu'il avait cru voilée pour jamais.

Tout d'un coup il se dressa sur sa couche, éperdu. Dans le silence du soir, il venait d'entendre une voix qui chantait :

*Son' rimasta vedovella
Su la bell' fiore d'ell' anni miei.*

Comme il se précipitait sur la terrasse, Jacques Déglin entra dans sa chambre, sac sur le dos, bâton en main.

— En route ! s'écria-t-il gaîment ; la vie est un voyage.

M. de Kermadec se tenait devant lui, confus, immobile, les yeux baissés, sans voix.

— Allons ! ajouta Jacques en parodiant ce vers d'André Chénier :

Partons, mon sac est prêt et Florence m'appelle.

Raoul se tenait toujours à la même place ;
on l'eût dit frappé de la foudre.

— Mais, mon cher, qu'avez-vous ? s'écria
Déglin ; on vous prendrait pour le dieu Terme.

— Est-ce que nous partons ? dit Raoul.

— Comment, si nous partons, mille diables...

Comme il disait, Déglin aperçut, sur la terrasse aux lauriers roses, une jeune tête qu'il reconnut aussitôt : c'était celle qu'il avait, une fois, entrevue à l'angle du mur de la *villa Naldi*.

Il s'interrompit brusquement et rentra dans sa chambre, comme pour préparer quelque oubli.

Raoul se tenait, depuis quelques instants, dans une muette contemplation, devant la charmante fille qui le regardait ; de son côté, avec cet air calme et serein qui sied à la beauté romaine. Raoul avait tout oublié, Rome, Florence et Paris même, lorsqu'il entendit soudain des cris perçants qui partaient de la chambre de Jacques Déglin. Dix chats écorchés vifs n'auraient pas fait un vacarme pareil.

M. de Kermadec, alarmé, courut à la chambre de son ami ; il le trouva qui se tordait sur son lit, en poussant des hurlements de bête fauve.

— Pour Dieu ! qu'y a-t-il ? s'écria Raoul épouvanté.

— Je suis perdu, je suis mort ! *sono precipitato !* disait l'infortuné Déglin avec des contorsions horribles.

— Mais encore ? s'écria Raoul, qui cherchait du sang et n'en voyait pas.

— Je vous dis que je suis mort ! s'écria Déglin ; que diable voulez-vous de mieux ? vous êtes bien exigeant !

— Mais, au nom du ciel, qu'avez-vous? s'écriait Raoul aux abois.

— Une entorse, mon cher ami, une abominable entorse que je viens d'attraper au pied gauche! Au moment de sortir, vit-on jamais fatalité pareille! Ah! *cara, carissima signora Calosi*, s'écria-t-il en apercevant *la padrona* qui accourait aux cris de son malheureux locataire, un médecin! le plus grand, le plus habile, le plus illustre médecin de Rome!

La bonne hôtesse, toute joyeuse d'un accident qui retiendrait nécessairement ses deux hôtes quelques jours de plus au logis, alla chercher elle-même le célèbre docteur Payelo, qui demeurait dans le quartier. Comme sa clientelle était très nombreuse et qu'il était fort occupé, en ce moment surtout, à cause de la saison d'automne où la *malaria* décime le pays, le grand Payelo accourut sur-le-champ. Après l'avoir mis à nu, non sans arracher des cris aigus au patient, il examina le pied gauche de Jacques Déglin ; il vous le tourna, il vous le retourna, il vous le palpa en tous sens.

— C'est très grave ! dit-il enfin ; c'est une des entorses les plus terribles que j'aie observées jusqu'à ce jour. Il vaudrait mieux pour Monsieur qu'il se fût cassé la jambe. Je reviendrai demain ; en attendant, Monsieur boira de la limonade très légère et tiendra, durant deux heures, son pied gauche dans un bain d'eau tiède.

— *Dunquè*, dit Déglin d'une voix éteinte, vous ne pensez pas, *dottissimo dottore*, que je puisse partir ce soir, à pied, pour Florence?

— Je ne pense pas, Monsieur, répondit le grand Payelo en se retirant, que vous puissiez marcher avant six mois.

— *Povero ! poverino !* s'écria *la signora Calosi* en joignant les mains.

— Vous le voyez, mon pauvre ami, dit Jacques en tendant la main à Raoul, je ne saurais vous accompagner. Mon rétablissement sera long; il serait cruel à moi de vous retenir à mon chevet. Partez et donnez-moi de vos nouvelles.

— Rien au monde, s'écria M. de Kermadec avec chaleur, — et il était de bonne foi, — ne pourrait me décider à vous abandonner dans l'état où vous êtes. Ami, je reste auprès de vous.

— C'est bien, Raoul, dit Jacques Déglin qui avait senti que ces paroles sortaient du cœur et que *Milla* n'y était pour rien.

Les deux jeunes gens s'embrassèrent avec effusion.

— *Bravissima, bravissima gente!* répéta *la padrona* en essuyant ses yeux humides.

— Et maintenant, s'écria Déglin en sautant gaîment à bas de son lit et en gambadant dans la chambre, vivent les nouvelles amours! Raoul, je vous ai épargné un aveu pénible et difficile. Vous vouliez rester, nous restons. Quant à vous, *signora Calosi,* si vous êtes jamais malade, rappelez-vous que votre *Payelo* n'est qu'un sot.

— *Questi Francesi sono tutti pazzi,* murmura *la padrona* en s'éloignant.

III

Vivent donc les nouvelles amours! ainsi que l'avait dit Déglin. Il faudrait bien pourtant ne point calomnier le cœur de notre héros; il est trop aisé d'en médire. Vis-à-vis de Déglin, vis-à-vis de lui-même, M. de Kermadec fut retenu longtemps encore par ce sentiment de pudeur que les esprits les moins déliés et les âmes les moins délicates n'auront pas de peine à comprendre. Il jura ses grands dieux que Jacques Déglin se trompait. Il avait subi, sans songer à s'en rendre compte, le charme d'un regard et l'attrait d'un sourire ; mais qu'était-ce après tout ? moins que rien. S'il devait suffire de si peu pour sécher ses pleurs et fermer sa blessure, ce n'était pas la peine d'aller chercher à Rome des remèdes qui, Dieu merci ! ne manquaient point en France. Ainsi parlait Raoul, et s'il n'était de bonne foi, c'est qu'à coup sûr il s'abusait lui-même. Il insista sérieusement pour quitter Rome. Déglin, qui demandait avant toutes choses la guérison de son jeune ami, et qui trouvait dans *Milla* une distraction toute prête, s'épuisait en prétextes ingénieux pour retarder le jour du départ ; mais M. de Kermadec, honteux de s'être laissé surprendre dans ses faiblesses, avait pris le parti de ne plus paraître sur la terrasse. Il boudait le bon Déglin et parlait à toute heure de partir seul, puisque Jacques s'obstinait à ne vouloir pas l'accompagner. Celui-ci en perdait la tête et ne savait qu'imaginer pour mener à bien cette affaire.

— Pourquoi partir? lui disait-il; pourquoi vous défendre du charme qui vous enchaîne? Jetez donc aux orties, pour ne plus le reprendre, ce froc de l'amour malheureux qui n'est point fait pour la jeunesse. Ne méconnaissez pas le privilége de votre âge; n'imitez pas ces grands pleurards, comme les appelait de son temps Rabelais de joyeuse mémoire, qui suivent eux-mêmes leur convoi et se roulent dans leurs propres cendres. Aimez, puisque tout vous y porte, votre cœur que vous croyez mort et qui n'est éclos que d'hier, les deux beaux yeux qui vous regardent, et jusqu'à l'air que vous respirez. N'intervertissez plus l'ordre naturel en plaçant les regrets dans la saison des espérances. Laissez courir en liberté et chanter gaîment vos vingt ans. D'ailleurs, si vous voulez que je vous le dise, l'objet de vos regrets n'a rien en soi de bien regrettable. Ne vous déplaise, votre héroïne m'agrée peu. Qu'elle ait cessé de vous aimer, je le conçois et le pardonne; cela serait venu de vous, sinon d'elle. Elle vous a devancé, voilà tout; c'est d'un esprit prévoyant, rien de mieux. Toujours est-il qu'elle ne m'agrée pas. Pourquoi? peut-être sied-il mieux aux grâces de la femme de subir l'abandon que de l'infliger; je ne sais. Bien développé, ce texte suffirait, au besoin, à justifier l'antipathie que celle-ci m'inspire. En outre, il me semble qu'elle s'est montrée, vis-à-vis de vous, impitoyable sans mesure et cruelle sans nécessité. Pensez tout ce qu'il vous plaira pour l'absoudre; moi, je l'accuse et la condamne. Dans tout ce que vous m'avez conté, je ne vois rien qui décèle en elle une âme bonne, aimable et tendre. N'en parlons plus, et vengez-vous en l'oubliant. *La signorina* est jeune, elle est belle; sauriez-vous rien de plus charmant qu'un amour frais et poétique au milieu de toutes ces ruines? Vous me montriez l'autre jour un pan de vieux mur enseveli tout entier sous le lierre et la mousse : qu'il en soit ainsi de votre amour brisé ; couvrez-le si bien de fleurs et de verdure que vous ne puissiez plus désormais en retrouver vous-même ni traces ni vestiges.

A tous ces discours, M. de Kermadec répondait toujours avec humeur, parfois avec colère, et Déglin en était pour ses frais de poésie, de vieux murs et de mousse, de verdure et de fleurs.

— Puisqu'il en est ainsi, s'écriait-il découragé, que trouviez-vous donc de si beau le long du mur de la *villa Naldi ?*

Mais Jacques était dans le secret des préoccupations de Raoul plus avant que Raoul lui-même. Il le sentait tout près d'aimer et seulement empêché par l'orgueil ; aussi s'en voulait-il d'avoir effarouché cet amour naissant, en laissant trop tôt voir qu'il l'avait deviné. Il convenait modestement que la scène de l'entorse lui faisait plus d'honneur qu'au docteur *Payelo;* mais il ne pouvait s'empêcher de reconnaître qu'il était loin d'en avoir tiré tout le parti possible. Qu'on se garde bien, d'ailleurs, d'imaginer que Déglin donnât beaucoup d'importance à cet amour dont il avait surpris le secret ; il n'y voyait que le germe d'une innocente fantaisie, propre à distraire les chagrins de Raoul et à détourner le cours de ses pensées. Mais un proverbe dit qu'il ne faut badiner ni avec le feu ni avec l'amour.

Les choses en étaient là depuis quelques jours, et M. de Kermadec s'obstinait à bouder contre son cœur, lorsqu'un soir, en rentrant à son hôtel, il trouva sur sa table une lettre qu'on avait apportée durant son absence. Il examina la suscription; l'écriture lui en était complètement inconnue. Il rompit le cachet, et qu'on juge de l'étonnement de Raoul, c'était une lettre confite en politesse, par laquelle *il signor Naldi* suppliait humblement *il ornatissimo signor di* Kermadec de vouloir bien dîner le lendemain à la *casa Naldi*.

Après avoir lu deux fois ce billet, Raoul le tendit à Déglin.

— Pourriez-vous, lui dit-il, me donner le mot de cette énigme?

— Le mot de cette énigme! répliqua Déglin; rien n'est plus simple: c'est un dîner. J'ai reçu de mon côté une lettre pareille, et j'ai répondu pour vous et pour moi par le même courrier.

— J'espère que votre intention n'est pas de vous rendre à cette étrange invitation? demanda Raoul avec quelque anxiété.

— J'ai répondu, ajouta paisiblement Déglin,

que nous acceptions, vous et moi, avec toute sorte de reconnaissance.

— Vous êtes fou! s'écria M. de Kermadec; à coup sûr, vous irez seul.

— Comme il vous plaira, dit Déglin. Laissez-moi seulement vous faire observer que le procédé du seigneur *Naldi* n'a rien qui doive vous surprendre; c'est tout-à-fait dans les mœurs italiennes. Le seigneur *Naldi* possède une magnifique galerie de tableaux; il aura entendu parler de notre amour pour les arts et quelque peu de nos mérites; il désire nous connaître et nous faire admirer son musée; à ces fins, il nous invite à dîner. A tout ceci, mon gentilhomme, que trouvez-vous d'étrange et de surnaturel? Qu'il se rencontre un homme de goût qui veuille avoir à sa table un Déglin et un Kermadec, je le crois pardieu bien, et n'en a pas qui veut.

— Vous êtes fou, répéta Raoul qui ne put

s'empêcher de sourire. Il faut nécessairement que ce bonhomme soit dupe de quelque mystification que j'ignore.

—Je vous répète que c'est dans les mœurs, s'écria Jacques.

— Et moi, je vous répète, ajouta Raoul, qu'il n'est pas dans les miennes d'accepter à dîner chez les gens que je ne connais pas.

— Eh! mon Dieu, qui vous presse? dit Déglin; n'êtes-vous pas bien libre, et craignez-vous que le seigneur *Naldi* vous envoie appréhender au corps par douze carabiniers du pape? Vous dînerez chez *Lepri;* je me charge de vos excuses.

— Vous plaisantez, Déglin, dit Raoul; vous n'irez pas dîner à la *casa Naldi*.

—J'irai, aussi sûr que voici la *signorina Naldi* en personne, s'écria Jacques en entraînant Raoul sur la terrasse et en lui montrant *Milla* qui arrosait ses fleurs. Vous savez, ajouta-t-il, à quel point je suis amoureux des belles peintures ; or, on assure que le seigneur *Naldi* possède une collection de toiles que lui envient le Vatican et le palais Pitti de Florence. On parle entre autres d'un Corrége et d'un Paul Véronèze qui empêchent le grand-duc de Toscane de dormir. Et puis, moi, voyez-vous, Raoul, je suis un voyageur consciencieux ; je veux tout voir et tout connaître. Comment connaître l'Italie, si l'on ne pénètre pas dans les familles italiennes? C'est là seulement qu'on peut étudier les mœurs, les habitudes et les usages du pays. Je suis las de vivre avec les pierres et curieux de comparer les Romains d'aujourd'hui aux Romains d'autrefois.

— Peut-être avez-vous raison, dit M. de Kermadec que regardait Milla à la dérobée. Et l'on assure, ajouta-t-il d'un air distrait, que ce brave homme possède un Corrége et un

Paul Véronèze qui troublent le sommeil du grand-duc de Toscane?

— Pour vous qui portez dans le cœur une image devant laquelle toutes les autres pâlissent et s'effacent, je comprends, répondit Déglin, que ce soit d'un médiocre intérêt.

— Vous vous trompez, dit Raoul, j'adore le Corrége et je raffole de Paul Véronèze.

— Eh bien! répliqua Jacques, je vous en parlerai.

Le lendemain, dans l'après-midi, Jacques Déglin se mit silencieusement à sa toilette et se para de ses plus beaux atours, car, ainsi que Raoul, il avait toujours au fond de son sac un costume en réserve pour les grandes cérémonies. M. de Kermadec rôdait autour de lui; mais l'impitoyable Déglin ne lui soufflait mot et n'avait pas même l'air de l'apercevoir.

— Un Corrége! un Paul Véronèze! dit enfin M. de Kermadec; je n'en ai pas dormi de la nuit.

Le cruel Déglin ne répondit pas et se prit à siffler en nouant sa cravate.

— Est-ce que vous pensez, ajouta Raoul, que ce vieil Harpagon ait des tableaux aussi précieux qu'on le prétend et qu'on l'assure?

— Mon petit ami, répondit Jacques en passant son habit, je vous dirai cela ce soir, si vous n'êtes pas endormi.

Après quelques instants de silence :

— Il est certain, dit M. de Kermadec, que, pour connaître les mœurs de l'Italie, il faut pénétrer dans les familles italiennes; ce doit être, en effet, une curieuse étude que de comparer la Rome moderne à la Rome antique.

— Et comme Déglin ne répondait pas :

— Mon père, qui aimait la peinture, reprit Raoul, disait souvent qu'il eût fait volontiers cinquante milles à pied pour admirer un beau Corrége.

Jacques mettait ses gants avec une impassible gravité.

— Les Corrége sont assez rares, poursuivit M. de Kermadec, on en voit à peine quelques-uns à Florence. On dit que les plus beaux se trouvent au musée de Parme.

Déglin était prêt à partir.

— Allons ! mon cher, à ce soir, dit-il en tendant la main à Raoul ; à mon retour je vous donnerai des documents précis sur la cuisine et sur la galerie des *Naldi*.

M. de Kermadéc hésita un instant.

— Décidément, s'écria-t-il enfin, je ne quitterai pas Rome sans avoir vu un Véronèse et un Corrége qui empêchent de dormir le grand duc de Toscane.

— Peut-être n'est-ce pas beau du tout, répondit négligemment Déglin.

— J'en veux juger par moi-même, s'écria gaîment Raoul. En même temps, je veux étudier les mœurs italiennes, comparer le présent au passé et savoir en quoi le papa *Naldi* diffère de Scœvola et de Brutus. Quelques minutes, Déglin, je suis à vous.

— Allons donc, mon gentilhomme, allons donc! s'écria Jacques en battant des mains; ne voyez-vous pas bien que je vous attends depuis une heure!

En moins de quelques instants, M. de Kermadec eut revêtu un costume élégant et simple. Déglin veilla lui-même à la toilette de son jeune ami. Sur le coup de cinq heures, ils frappaient à la porte de *la casa Naldi*. Après les avoir introduits dans un salon rempli de fleurs, une vénérable duègne se retira pour aller prévenir le maître du logis. Aussitôt qu'ils furent seuls :

— Raoul, dit brusquement Déglin d'un ton

vif et rapide, voici ce dont il s'agit : *Milla*, c'est Rosine ; le papa *Naldi*, c'est Bartholo ; vous êtes le comte Almaviva ; je suis Figaro, pour vous servir. Nous allons refaire *le Barbier de Séville.*

— Qu'est-ce à dire ? Pour Dieu, expliquez-vous ? s'écria M. de Kermadec qui ne comprenait rien à ceci.

— Ne perdons pas un mot. Vous êtes un grand seigneur cousu d'or, voyageant *incognito*, possédé de la fureur des tableaux et du désir d'acheter une *villa* dans les environs de Rome. Je suis votre intendant, votre tuteur, votre ami, votre homme d'affaires, tout ce que vous voudrez. C'est à moi que vous devez l'invitation qui vous amène ici. J'ai vu le papa *Naldi;* je lui ai fait entendre que vous pourriez le débarrasser de son affreuse *villa* et d'une douzaine de croûtes infâmes qu'il va vous donner pour des Titien, des Tintoret, des

Raphaël et des Paul Véronèze. Admirez tout, parlez de tout acheter ; et, maintenant, si vous ne vous tirez pas de là en galant homme et en homme d'esprit, bonsoir, je ne m'en mêle plus.

Au même instant, la porte du salon s'ouvrit et le papa *Naldi* parut.

Sans laisser à Raoul le temps d'exprimer son étonnement, Déglin le prit par la main, et, s'avançant vers le bonhomme :

— *L'illustrissimo marchese di Kermadec,* dit-il en le lui présentant.

— Que la peste t'étouffe ! murmura Raoul en lui serrant la main.

Il signore Naldi se confondit en révérences. C'était un petit vieillard propre, sec et laid, obséquieux au besoin. Raoul le reconnut très bien, quoiqu'il eût changé de costume, pour l'avoir vu un matin se promenant, en culotte de nankin et en camisole à ramages, dans les allées de sa *villa*. Il pria les deux jeunes gens de s'asseoir et commença par remercier M. le marquis d'avoir daigné accepter son invitation. Il s'exprimait en français, sinon avec élégance, du moins avec facilité. M. de Kermadec ne savait quelle contenance tenir ; Déglin faisait les frais de la conversation avec un aplomb imperturbable, sans paraître se soucier le moins du monde des regards furieux que lui lançait Raoul.

Il est si facile de saisir le fil un peu bien usé de cette comédie vieille comme le monde, que nous pourrions nous dispenser de l'indiquer à nos lecteurs. Uniquement préoccupé de l'idée d'amuser les ennuis de son compagnon et de rappeler dans son cœur les fantaisies amoureuses qu'il avait, sans le vouloir, effarouchées, Jacques Déglin avait imaginé d'introduire M. de Kermadec dans la *casa Naldi* et de l'engager dans une petite intrigue que Raoul dénoûrait lui-même à sa guise. Il s'était laissé dire que le vieil harpagon possédait, dans un corridor qu'il appelait pompeusement sa galerie, quelques mauvaises toiles pendues à la muraille. Il avait appris d'autre part que le seigneur *Naldi* se trouvait fort embarrassé de sa *villa*, qui ne rapportait rien, et que pouvoir l'échanger contre de bons écus sonnants était le plus doux de ses rêves. Un jour donc, poussé lui-même par l'ennui qui commençait à le prendre à la gorge, il s'était présenté chez le papa *Naldi*, comme étant à la fois l'intendant et l'ami du jeune marquis de Kermadec, gentilhomme français, voyageant sans suite et sans bruit, mais pressé de jouir de sa fortune dont il était maître depuis deux ans à peine, grand amateur de tableaux, et voulant à tout prix une *villa* dans les environs de Rome.

— On m'a dit, Monsieur, avait ajouté Déglin, que vous avez entre les mains des toiles inestimables ; s'il en est ainsi, M. le marquis, pour s'en rendre maître, les couvrira d'or. On assure, en outre, que vous êtes propriétaire d'une magnifique *villa*, aux alentours de Tivoli ; M. le marquis ne reculerait devant aucun sacrifice pour vous amener à lui céder cette résidence qu'on affirme être vraiment royale.

On pense qu'à ces mots le vieux *Naldi* eut peine à réprimer sa joie. Bref, Déglin manœuvra de telle sorte qu'il fut décidé, séance tenante, que M. le marquis viendrait examiner les tableaux et qu'on partirait le jour même pour aller visiter la *villa*. Dans l'ivresse de son contentement, le vieil avare consulta Déglin pour savoir s'il ne serait pas indiscret d'inviter, ce jour-là, M. le marquis à venir s'asseoir à sa table. Jacques l'encouragea dans cette idée qui lui parut charmante.

— M. le marquis n'est point fier, lui dit-il ; il a d'ailleurs entendu parler de vos mérites et ne pensera pas déroger en venant boire votre vin, s'il est bon.

Ainsi s'étaient passées les choses. En homme prudent et sage, *il signor Naldi* n'avait point manqué d'aller aux renseignements. Mais Jacques avait tout prévu et s'était arrangé de façon à ce que la *signora Calosi* chantât, à qui voudrait l'entendre, la munificence *dell' illustrissimo marchese di Kermadec*.

Après les premiers compliments, l'amphytrion proposa à Raoul de visiter sa petite galerie, en attendant l'heure du dîner.

— M. le marquis se connaît-il en peinture ? demanda-t-il à voix basse en se penchant à l'oreille de Jacques Déglin.

— Autant que moi, répliqua Jacques. Je prends un Titien pour un Albane ; je n'ai jamais pu distinguer les trois manières de Raphaël, et j'admire aveuglément tout ce qu'on me dit d'admirer, ce qui ne m'empêche pas d'être fou de peinture ni d'en parler agréablement lorsque l'occasion s'en présente.

— En ce cas, ajouta le seigneur *Naldi*, M. le marquis va voir de bien belles choses.

Ils passèrent tous trois dans une espèce de couloir assez mal éclairé, où l'on apercevait, accrochés de chaque côté des murs, une douzaine de barbouillages pauvrement encadrés, et que les rats semblaient goûter fort.

— Il est aisé de compter mes tableaux, dit humblement le *padrone*, mais la qualité supplée la quantité; chaque toile est un chef-d'œuvre. Ce portrait d'homme à barbe rousse est un des plus beaux morceaux que nous devions au Tintoret. Remarquez cette Vénus du Titien, quelles couleurs! quelles chairs! quels contours! Arrêtez-vous devant cette Madone de Raphaël; quelle suavité! quelle pureté! c'est dans la première manière de ce peintre divin. Voici des amours de l'Albane; quelle grâce! Ce magnifique paysage est tout simplement du Poussin. Quels horizons! quelles perspectives!

— C'est merveilleux! s'écriait Déglin en se plantant comme un piquet devant chaque cadre; je veux être pendu si j'ai jamais rien rencontré de si beau. Je regrette seulement qu'on ne voie pas clair dans votre galerie; je crois, Monsieur, qu'il serait bien d'y faire percer deux ou trois fenêtres.

— Le demi-jour sied à la couleur des vieux maîtres, répondit gravement le seigneur *Naldi*.

— C'est juste, répliqua Déglin en s'inclinant.

M. de Kermadec était au supplice, et sans l'espoir de voir bientôt apparaître *Milla*, il se fût hâté de mettre fin à toutes ces folies.

— Ah! traître! ah! bourreau! murmurait-il d'une voix étouffée, en marchant derrière

Déglin qui se retournait de temps à autre pour lui dire d'un air impassible :

— Cela coûtera les yeux de la tête; mais il faut convenir que c'est véritablement admirable!

Comme ils arrivaient au bout de la galerie, on vint annoncer que le dîner était servi.

En s'acheminant vers la salle à manger :

— Je crains que M. le marquis ne soit pas tout à fait de votre sentiment, demanda le bonhomme à Déglin; car il n'avait pu s'empêcher de remarquer l'attitude froide et silencieuse de Raoul.

— M. le marquis est dans le ravissement, répondit Déglin; lorsqu'il ne dit rien et qu'il a l'air de s'ennuyer, c'est qu'il est charmé.

En entrant dans la salle à manger, les deux amis se regardèrent d'un air consterné. *Milla* ne s'y trouvait pas et il n'y avait sur la table que trois couverts.

— Nous sommes volés! pensa Déglin.

Raoul fut tenté de prendre son chapeau et de s'enfuir. Heureusement le papa *Naldi* les rassura presque aussitôt en leur apprenant que sa fille était partie le matin pour aller préparer la *villa* à recevoir dignement ses hôtes. Cette nouvelle rendit à Déglin la verve et la gaîté, le courage et la patience à Raoul. Pour être donné par un amphytrion qu'on accusait d'avoir laissé mourir de faim sa femme, le dîner ne fut ni trop court ni trop maigre. Il est vrai que le brave homme comptait se rattraper sur la vente de ses tableaux. On goûta quelques vieux vins plus généreux que leur maître. Bientôt, l'humeur joyeuse de Déglin se communiqua aux deux autres convives; le *padrone* se sentait tout guilleret. Vers le dessert, grâce à certain flacon de Pacaret, auquel il avait dit plus d'un mot sans y prendre garde, Raoul entra franchement dans la situation, et dès lors tout fut pour le mieux. Le repas achevé, le seigneur *Naldi* ayant fait atteler à un carrosse tout disloqué deux méchantes rosses qu'il avait, comme Harpagon, dans son écurie, le galant équipage prit le chemin de Tivoli, et s'arrêta au bout de quelques heures devant la grille de la maison à vendre. Les deux amis n'oublièrent pas de s'extasier comme s'ils voyaient ces lieux pour la première fois; mais vainement ils cherchèrent la *signorina* qui, décidément, semblait fuir devant M. de Kermadec comme un mirage insaisissable; la jeune fille s'était déjà retirée dans sa chambre. *Il signor Naldi* engagea ses hôtes à en faire autant, et l'on remit au lendemain l'examen de la *villa*.

On avait logé les deux amis dans la même chambre; salle immense, ornée de méchantes fresques, et sans autres meubles que deux lits et un vieux fauteuil en tapisserie. Lorsque les deux amis se trouvèrent seuls nez à nez, ils firent comme les augures qui ne pouvaient se regarder sans rire.

— Quelle folie! dit enfin Raoul; où voulez-vous que tout ceci nous mène?

— Monsieur le marquis le demande? s'écria Déglin; tenez, ajouta-t-il en lui montrant un billet retenu par une épingle à la tapisserie du fauteuil; il paraît que nous allons vite en amour.

Raoul s'empara du billet qui était à l'adresse du marquis de Kermadec. Il l'ouvrit, non sans émotion, et lut ces quelques mots écrits en français :

« Demain, au lever du jour, trouvez-vous
« à l'angle du mur, sous le massif de grena-
« diers. Il faut que je vous voie et que je vous
« parle.

« Camilla Naldi. »

— Bravo ! s'écria Jacques ; il n'est que l'Italie pour mener ainsi les aventures. Malepeste ! un rendez-vous ! Vous ne m'aviez pas dit, mon gentilhomme, que vous fussiez si avancé dans vos affaires.

— Je vous jure, répondit Raoul, que je n'y comprends rien moi-même. Je n'ai fait jusqu'ici qu'entrevoir la *signorina*, et n'ai jamais obtenu d'elle que deux regards sereins et deux calmes sourires.

Déglin secoua la tête d'un air de doute et se mit au lit en priant bien Raoul de faire, le lendemain, en se levant, le moins de vacarme possible.

M. de Kermadec dormit peu ou point ; l'aube blanchissait à peine l'horizon, qu'il était déjà sous le massif de grenadiers, assis à cette même place où il avait entrevu *Milla*. Bientôt le frôlement d'une robe se fit entendre, et le sable de l'allée cria sous un pas rapide. Raoul se leva tout ému, tout troublé; *Milla* s'arrêta devant lui et ne put réprimer, en le reconnaissant, un geste d'étonnement et presque d'épouvante.

— Vous ici, Monsieur, s'écria-t-elle d'une voix altérée.

— N'est-ce pas moi que vous cherchez? répondit Raoul; ce billet n'est-il pas de vous? Nous sommes-nous trompés tous deux, et souhaitez-vous que je m'éloigne?

— Quoi! dit la jeune fille d'un air chagrin, c'est vous? vous êtes monsieur de Kermadec, vous êtes ce vilain marquis qui me fait pleurer depuis huit jours, que je hais et que je maudis. Je ne m'en doutais pas; j'en suis fâchée, je le regrette, ajouta la belle enfant en essuyant ses yeux remplis de larmes.

Raoul l'écoutait d'un air à la fois surpris et charmé.

« — Je vous croyais pauvre et triste, reprit *Milla*, et je vous souriais et je vous aimais, car, à votre air, j'avais deviné tout de suite que vous arriviez de la France ; vous m'aviez apporté comme un doux parfum de cette patrie que je n'ai jamais vue, et que pourtant mon cœur habite. Et vous êtes marquis, cousu d'or, comme dit mon père, et vous achetez des *villa !* Quel dommage ! Ainsi, c'était par amour de la *villa Naldi* que vous rôdiez autour de ces murs ; je comprends tout, à cette heure. Mais, tenez, monsieur le marquis, il ne manque pas de *villa* à vendre dans la campagne de Rome ; vous en trouverez cent pour une, toutes plus belles que celle-ci, toutes plus dignes de votre rang, de votre nom, de votre fortune. Qu'est-ce qui peut vous tenter dans ce pauvre enclos qui ne saurait avoir de charme que pour moi? Employez mieux votre or, laissez-moi ma *villa*.

— Vous tenez donc bien à ces lieux? dit Raoul en la faisant asseoir près de lui.

— Si j'y tiens! s'écria-t-elle d'une voix attendrie. C'est là qu'est ma vie et tout ce que j'aime. Si vous m'en exilez, je mourrai.

— Vous ne mourrez pas, dit Raoul, en souriant.

— J'en mourrai. C'est là que je suis née, c'est là que j'ai grandi. Au bout de cette allée, sous ce bouquet de chênes verts, reposent les os de ma mère. Vous devez me comprendre : qui n'a pas un coin de terre consacré et béni qui, dans la patrie même, est comme une seconde patrie? Pensez donc, Monsieur, que ma mère et moi, nous avons vécu pendant douze années dans cet enclos, douze années bien tristes et pourtant bien heureuses. Ma mère était Française; elle adorait la France et m'apprit à l'aimer. C'est ici qu'elle est morte, presqu'à la fleur de l'âge, en me parlant encore des bois et des vallées de sa Bretagne qu'elle ne devait plus revoir. Elle est morte de ce cruel mal que vous nommez le mal du pays. Ange d'esprit, de grâce et de bonté! Tout ici me rappelle son souvenir et sa chère image. J'entends sa voix dans le bruit du vent; je retrouve sur le sable des allées la trace de ses pas. Que de fois, en pleurant, elle m'a pressée sur son tendre cœur, à cette place où nous sommes, sous ces grenadiers qui nous abritent! Je l'ai vue bien souvent pleurer et voici que je pleure en vous parlant d'elle.

— Votre mère était de Bretagne, dit Raoul d'une voix émue. C'est presqu'un lien entre nos deux âmes; je suis né sous le même ciel.

— Vous êtes de ce doux pays! s'écria l'enfant avec un mouvement de joie. Voyez quelle chose étrange! Lorsque vous m'êtes apparu pour la première fois, il m'a semblé que je voyais comme un jeune frère inconnu. J'aime jusqu'aux nuages qui viennent du côté de la France. Vous le dirai-je? ma mère m'a transmis un peu de son mal; je sens en moi les atteintes de la fièvre qui la consumait. Je suis sans cesse attirée par le parfum de vos landes et de vos bruyères. La vraie patrie n'est-elle pas celle de nos rêves? J'étouffe sous ce ciel brûlant; je voudrais m'asseoir sur vos grèves solitaires et m'enivrer de vos brumes et de vos brouillards.

Raoul était comme suspendu aux lèvres de cette enfant.

— Ainsi, reprit-elle, vous me promettez de ne point acheter ma pauvre *villa*. C'est ma Bretagne, à moi! C'est là que j'entends la grande voix de votre mer et que je respire les senteurs de vos genêts fleuris. Vous me le promettez, n'est-ce pas, Monsieur le marquis?

— Hélas! je ne suis ni marquis ni riche, répondit Raoul avec un doux sourire; vous l'aviez deviné, j'étais triste et je suis resté pauvre.

— Est-ce vrai? s'écria naïvement la jeune fille.

— S'il m'était permis d'acheter cette villa qui vous est chère, je vous offrirais, dit Raoul, d'en être encore la jeune reine.

— Que vous êtes bon d'être pauvre! s'écria-t-elle en lui prenant la main.

Puis tout d'un coup, elle s'enfuit et disparut sans que M. de Kermadec eût songé à la retenir.

IV

Elle échappait à peine à l'enfance; elle en avait encore les grâces ingénues et la candeur naïve. Par un rare privilége, elle tempérait l'expression grave et passionnée de sa beauté romaine par quelque chose de doux, de tendre et de rêveur que lui avait transmis sa mère. On eût dit une fille du nord dorée au soleil du midi. La mélancolie adoucissait les tons de sa peau brune et transparente et reposait sur son front comme un pâle rayon de l'astre de la nuit. Ses cheveux tombaient autour de son col en boucles noires et frémissantes; mais, sous le jais de ses sourcils, ses yeux, d'un azur limpide, s'épanouissaient comme deux pervenches. La fleur de la jeunesse brillait sur son visage, mais frêle et déjà languissante; il était aisé d'entrevoir qu'un mal secret en altérait sourdement la fraîcheur et l'éclat. Sans coquetterie et sans art, simple, ignorante d'elle-même, le regard bienveillant, la bouche demi-souriante, elle apparaissait enveloppée d'une chaste et pure atmosphère dans laquelle elle semblait nager comme un lys dans l'air frais du matin.

Le mal secret qui la consumait était ce même mal qui avait tué sa mère. Elle croyait n'en ressentir que de vagues atteintes; mais c'était le mal du pays en effet. Par quel enchaînement de circonstances le seigneur Naldi, avare et laid, avait-il épousé, voici quelque vingt ans, une belle et pauvre fille de Bretagne? Ce pourrait être une touchante histoire; nous la conterons en deux mots. Orpheline dès son bas âge, sans autre fortune que des trésors de jeunesse, d'esprit, de grâce et de beauté, mademoiselle Kervegan accompagnait, en qualité de demoiselle de compagnie une dame de Penhoëdic que les médecins avaient envoyée mourir en Italie, avec l'assurance que l'air du midi lui rendrait la force et la santé. Madame de Penhoëdic mourut, à Rome, avant d'avoir pu assurer l'avenir de sa compagne, à laquelle elle était d'ailleurs sincèrement attachée. Il est aisé d'imaginer dans quels embarras dut se trouver mademoiselle Kervegan, seule, sans appui, sans relation, à trois cents lieues de son pays. La Providence, qui aurait pu faire un meilleur choix, lui vint en aide sous les traits de M. Naldi. Nous l'avons dit, mademoiselle Kervegan était pauvre et belle; il y avait dans le cœur de l'Italien un reste de jeunesse qui comprimait encore le germe de mauvaises passions que l'âge devait développer plus tard. Il commença par s'intéresser à la position de l'étrangère et finit par lui offrir sa fortune et sa main. Mademoiselle Kervegan fut touchée; elle était seule au monde; la patrie ne lui gardait rien; en perdant madame de Penhoëdic qui l'avait élevée, elle venait de perdre, d'un seul coup, tout ce qui lui restait sur la terre. Après de longues hésitations, elle accepta sans joie et sans amour, mais non sans un sentiment de profonde reconnaissance, le refuge qui lui était offert.

Tous deux avaient trop présumé, l'un de ses bons sentiments, l'autre de sa force et de son courage. Les premiers transports apaisés, M. Naldi ne pardonna point à sa femme de ne lui avoir apporté en dot que sa jeunesse et sa beauté; madame Naldi avait compris plus vite encore que c'en était fait pour elle de toute joie et de tout bonheur en ce monde. Après quelques années d'une union tourmentée, elle avait obtenu de son mari d'aller vivre seule à la *villa Naldi*; elle s'y enterra vivante. C'est là qu'elle éprouva les premiers symptômes du mal qui devait la conduire lentement au tombeau. Fruit tardif d'un hymen qui n'en espérait plus, Camilla fut conçue dans les douleurs de l'exil, au milieu des fiévreuses aspirations du cœur maternel vers la patrie absente. Mademoiselle Kervegan s'était dit, en épousant M. Naldi, que la patrie est aux lieux où le ciel nous garde des parents, des amis, et qu'à ce compte il n'était plus de patrie pour elle. Mademoiselle Kervegan se trompait. Elle fut bientôt prise de cet amour mystérieux et fatal qui attache notre âme par des liens invisibles et la scelle, pour ainsi dire, à la terre qui a reçu l'empreinte de nos premiers pas. Tous ces rêves s'élancèrent d'un vol effréné vers la France. Sous ce ciel de Rome, si bleu et si vanté par les peintres et les poètes, elle pâlit et s'affaissa comme un arbuste transplanté des froides régions dans les sables brûlants du désert. Elle sentit s'allumer en elle un feu dévorant qu'aurait pu seul éteindre l'air brumeux des côtes natales. Elle voyait sans cesse, à l'horizon étincelant, flotter les bois de la Bretagne; sa mémoire exaltée lui rendait avec une fidélité impitoyable, en y joignant le charme et la poésie des regrets, tous les accidents des lieux où s'était écoulée son enfance. Les côteaux, les vallées, les sentiers tous remplis des chants et des parfums de la vieille Armorique, passaient devant ses yeux éblouis, fascinés. Elle reconnaissait chaque détour de haie; chaque arbre lui apparaissait comme un ami vers lequel elle tendait ses bras éperdus pour l'enlacer et le couvrir de baisers et de pleurs. Camilla n'était point née, que déjà sa mère lui avait inoculé le germe du mal qui consumait ses flancs. Les premiers noms qu'elle apprit à balbutier furent les noms de France et de Bretagne. Enfant, elle s'endormit chaque soir, bercée par le récit des légendes armoricaines; elle vit toutes les riantes imaginations de cette mythologie poétique, danser autour de son berceau. Ses langes furent comme imprégnés de la senteur des landes et des grèves. A deux pas de Rome, sur un sol formé de la poussière des héros, au milieu des ruines qui attestaient la gloire et la puissance de l'ancienne reine du monde, elle n'apprit qu'une seule histoire, celle de la terre héroïque où sa mère avait vu le jour, terre de loyauté et de dévoûment chevaleresques, dernier refuge ouvert ici-bas à la poésie du passé, à la religion de l'exil, au culte des vaincus, et aux courtisans du malheur. Elle épelait à peine les exploits écrits en strophes de marbre sur l'arc de Constantin et sur la colonne Trajane; mais elle savait l'inscription victorieuse écrite en lettres de bronze sur la colonne de Torfou. Elle n'aurait pu dire ce qu'avaient été Cassius, Brutus et tant d'autres ; mais, aux noms de Larochejaquelin, de Cathelineau, de Charette, son jeune sang s'enflammait et son sein se gonflait d'orgueil. Enfin les grandes lignes de la campagne romaine, les pins aux aigrettes de velours, les temples, les cirques et les thermes, tout le luxe de cette nature, toute la grandeur de ce passé ne parlaient point à son cœur ; comme Mignon de Goëthe, elle savait une autre terre, non pas la terre où les orangers fleurissent, mais celle où croît le gui sur la cime des chênes druidiques.

Ainsi avait grandi cette enfant dans l'amour d'une patrie qu'elle n'avait jamais vue et qu'elle ne devait jamais voir. Elle parlait l'italien avec un accent étranger et le français avec autant de pureté que sa mère. M. Naldi avait exigé qu'elle portât le nom romain de Camilla ; mais sa mère, lorsqu'elles étaient seules, ne l'appelait jamais qu'Ivonne. En l'absence de son mari, elle se plaisait à la vêtir d'un costume de fille bretonne qu'elle avait façonné elle-même, et à la voir courir ainsi dans les allées de sa *villa,* avec la jupe de laine et la *câline* de flanelle. Plus tard, en se promenant aux alentours, elle avait donné çà et là des noms de sa patrie à certains accidents du paysage qui lui rappelaient vaguement quelques aspects des lieux regrettés : jeux de l'exil qui ne font qu'en irriter le mal et les ennuis ! Elle ne mourut pas de faim, comme l'affirmaient les méchants ; mais, si nous ne craignions pas de sembler vouloir jouer sur les mots, nous dirions qu'elle mourut de cette soif ardente qui brûle, dévore et consume les infortunés que le sort enchaîne sur le sol étranger. Près de s'éteindre, elle se fit apporter des touffes de genêts, de bruyères et de digitale qu'elle avait elle-même cultivées avec amour ; elle les baisa, elle en aspira les parfums avec une sauvage ardeur ; puis, les yeux tournés vers la France, elle expira en parlant encore de sa Bretagne tant aimée. D'après le vœu qu'elle avait exprimé à l'heure suprême, on l'enterra dans le jardin de la *villa*, sous cette terre qu'elle avait si longtemps arrosée de ses larmes.

La jeune fille acheva de grandir dans une solitude à peu près absolue, tantôt à Rome, plus souvent à la *villa Naldi*. A part le mal étrange qu'elle avait hérité et dont elle subissait presque à son insu les imperceptibles ravages, Milla était heureuse : point gênée dans le développement de sa riche et belle nature, elle avait pu s'épanouir en toute liberté aussi bien qu'en toute innocence. D'ailleurs, cette fièvre dont elle ressentait les atteintes était loin d'avoir l'intensité de celle qui avait tué

lentement sa mère : ce n'était, à vrai dire,
qu'un sentiment poétique et rêveur qui portait
cette enfant vers la France. Lorsque M. de
Kermadec l'aperçut pour la première fois sur
sa terrasse, elle venait de compter seize ans ;
elle avait, le matin, décidé, dans la naïveté de
son cœur, qu'elle n'épouserait qu'un Français, et qu'elle irait vivre et mourir au milieu
des bois, non loin des bords de l'Océan, dans
quelque vieux château seigneurial, à girouettes
fleurdelysées, à tourelles habillées de lierre,
mélancoliquement assis sur le versant d'une
colline, tel enfin que sa mère lui dépeignait
jadis les vieux châteaux de son pays. L'apparition de M. de Kermadec la surprit au milieu
de ces projets ; en le voyant, un instinct vif et
rapide, qu'elle tenait aussi de sa mère, lui dit
qu'il venait de la France, et dès lors la blonde
image de ce jeune homme se trouva vaguement
mêlée aux préoccupations au milieu desquelles

il lui était apparu tout d'un coup, comme par enchantement, triste, pâle et frêle, pareil au type gracieux que son imagination avait par fois entrevu confusément en s'égarant sur les grèves de la Bretagne. Elle l'avait bien reconnu, elle l'avait bien vu rôder autour de la *villa Naldi :* sans savoir pourquoi ni comment, son jeune cœur s'en était ému. On peut donc juger de son désappointement en découvrant qu'il n'en voulait qu'à sa chère campagne, et qu'il n'était que le marquis dont l'avait effrayée son père, puis de sa double joie en apprenant qu'il n'était ni marquis, ni riche, et qu'elle pouvait en même temps garder son rêve et sa *villa.*

Cependant, revenons à cette *villa Naldi,* où sont réunis tous nos personnages ; reprenons le cours de cette histoire qui commence par le rire et qui doit finir par les larmes, si folle en ses débuts et marchant d'un pas si joyeux vers un dénoûment si triste.

Milla venait de s'enfuir, non pour cacher la moitié de sa joie (elle était fille à la laisser voir, si chaste et si naïve qu'elle ne soupçonnait même pas les ruses de la coquetterie et les alarmes de la pudeur), mais pour en jouir en liberté et la savourer à son aise. Raoul fut bientôt tiré de la rêverie dans laquelle l'avait jeté les paroles de cette enfant par l'apparition matinale du vénérable Naldi, qui ne s'attendait pas lui-même à trouver son marquis levé si tôt. Le bonhomme qui ne perdait pas de vue ses affaires, proposa tout d'abord à son hôte de visiter la *villa* et ses dépendances. M. de Kermadec se laissa conduire. Il admira tout et ne regarda rien. Après deux grandes heures de marches et de contre-marches, durant lesquelles le seigneur Naldi énuméra complaisamment les agréments de sa propriété, tous deux rentrèrent au logis. Ils trouvèrent Déglin et Milla qui se promenaient ensemble comme deux vieux amis, sous l'avenue des sycomores. Ils étaient amis en effet. M. Naldi présenta sa fille à Raoul, qui la salua comme s'il la voyait pour la première fois. Raoul remarqua tout d'abord que Déglin avait un air tout autre que celui de la veille ; il était grave, réfléchi, préoccupé, et son regard ne se détachait point de Milla qu'il suivait avec un sérieux intérêt.

Après le déjeuner, dont Camilla fit les honneurs avec toute la grâce de ses seize printemps, Jacques Déglin prit M. de Kermadec à part, et l'entraînant dans le jardin :

— Raoul, lui dit-il, je me suis trompé ; nous nous sommes trompés tous deux. Cette enfant n'est pas l'héroïne que nous cherchions. Jusqu'à ce jour, je n'avais fait que l'entrevoir ; il m'a suffi de quelques heures pour la connaître et l'apprécier. C'est un cœur naïf et charmant, une âme sérieuse et tendre. Nous jouons un jeu hors de propos et de saison ; ce n'est point là que vous trouverez ce que j'avais rêvé pour vous, un amour et des distractions faciles. Je vous le dis, cette fille ne saurait être un caprice ni un passe-temps ; c'est une créature étrange, à la fois grave et romanesque. La passion dort encore dans son jeune sein ; il suffirait d'une étincelle pour l'y faire éclater, terrible. Vous en seriez vous-même embarrassé. Ne touchez donc pas à ce cœur, il y a des tempêtes au fond.

— Je vous trouve plaisant, répliqua Raoul. Qui m'a jeté dans cette folle aventure ? qui m'a créé d'un seul coup comte Almaviva, marquis de Carabas ? Qui m'a cousu d'or ? qui m'a fait amateur de tableaux, acheteur de *villa ?* Est-ce moi, par hasard, ou plutôt ne serait-ce pas vous ? Et maintenant voici, Figaro, que vous montez en chaire et que vous prêchez vos pratiques ! Il faudrait pourtant opter entre la résille du barbier de Séville et le bonnet de Massillon.

— Ne raillons pas, Raoul, reprit gravement Déglin. C'est surtout parce que je serais responsable du mal qui pourrait en advenir, que je veux mettre fin à cette folle équipée. Je ne vous y ai entraîné, vous le savez, que par le désir que j'avais d'égayer vos chagrins. J'avais compté sur une de ces amourettes que nouent sans danger et dénouent sans effort le caprice et la fantaisie ; mais vous auriez remords d'offrir en holocauste à vos ennuis le repos et le bonheur d'une si gracieuse existence.

— Êtes-vous amoureux, Déglin ? demanda M. de Kermadec d'un ton demi-sérieux, demi-goguenard.

— Non, sur mon âme ! s'écria Jacques ; mais je sens, ajouta-t-il d'un ton ferme et résolu, que s'il vous arrivait de jouer avec la destinée de cette enfant, je ne vous pardonnerais de ma vie.

— Après quelques instants de réflexion silencieuse :

— Allons, dit Raoul, je ne veux pas encourir vos rigueurs. Adieu, fortune et marquisat ! Seulement, je vous abandonne le soin de terminer cette aventure.

— Rien n'est plus simple, s'écria Jacques ; ne vous en mêlez pas, vous n'aurez qu'à me laisser faire. Le seigneur *Naldi* vous croira plus riche et plus marquis que jamais, et sous peu de jours nous partirons pour Naples, sans donner à l'imagination de Camilla le temps de bâtir des châteaux en Bretagne.

Ils allèrent rejoindre M. Naldi et sa fille. En sa qualité d'intendant, Déglin ayant demandé à prendre connaissance des lieux, le bonhomme s'empressa de lui tout montrer ; Raoul et Milla les suivaient lentement, à quelque distance. Raoul avait fini par offrir son bras à la jeune fille, et tous deux allaient en causant. Tandis que Jacques et le seigneur Naldi visitaient la maison, les deux enfants s'oublièrent aux alentours; sans y songer, ils ouvrirent la grille du jardin, et bientôt, à leur insu, ils se trouvèrent en pleine campagne.

Après avoir tout vu et tout examiné :

— Monsieur, dit Jacques à M. Naldi, vous avez, à coup sûr, la plus ravissante *villa* qui se puisse rencontrer dans toute l'Italie. C'est un vrai bijou; malheureusement, ce n'est que cela. Vous m'en voyez au désespoir; mais M. le marquis ne réussirait pas à loger ici le quart de ses gens. En bonne conscience, il n'y faut plus songer.

A ces mots, le visage du vénérable Naldi pâlit et s'allongea d'une aune.

— Quant à vos tableaux, ajouta Déglin, nous verrons plus tard, à notre retour d'Abyssinie, où nous comptons faire une petite excursion avant de nous fixer à Rome.

M. Naldi se récria. Ce n'était point là ce qu'avait dit M. le marquis quelques heures auparavant ; il avait tout admiré, tout approuvé, et la *villa Naldi* lui semblait aller comme un gant.

Déglin répliqua que M. le marquis avait craint d'affliger son hôte, mais qu'à vrai dire, la *villa Naldi* lui allait comme un gant trop étroit dans lequel il lui serait impossible de glisser seulement le bout du petit doigt.

Une discussion s'engagea. Poussé à bout par l'acharnement de M. Naldi, qui ne voulait pas lâcher sa proie, Déglin finit par déclarer que la *villa* n'était qu'une grange incommode dont il ne voudrait pas, lui, pauvre intendant, quand même le propriétaire consentirait à la lui donner pour rien. Le Naldi s'emporta ; le

Déglin tint bon. Les traités étaient rompus et la guerre allumée.

Cependant Raoul et Milla allaient à pas lents le long des côteaux, s'oubliant dans une conversation sans fin, et s'enivrant du charme qui les attirait l'un vers l'autre. Milla racontait l'histoire de sa mère et celle de ses jeunes années ; Raoul disait à son tour sa jeunesse ; il parlait de sa famille dépossédée, d'espérances brisées, d'avenir déshérité, et tout ce qu'il disait allait à l'âme de la jeune fille, car bien souvent elle avait entendu sa mère lui parler ainsi de nobles familles déchues, auxquelles il ne restait, comme au sir Edgard de Ravensvood, qu'un grand nom et la pauvreté. Puis ils s'entretenaient avec amour de leur Bretagne. Raoul y possédait encore le vieux château de ses ancêtres, à demi ruiné, au milieu des bois, non loin de l'Océan qu'on voyait, du haut des tourelles, étinceler à l'horizon.

C'était le rêve de Milla. Et tout en marchant, la jeune fille montrait à Raoul les lieux qu'elle avait jadis, avec sa mère, baptisés de noms Armoricains : grâce à ces aimables fictions, tous deux retrouvaient la patrie.

— Ah ! s'écriait Milla avec tristesse, ne les verrai-je donc jamais, ces doux lieux qu'ont visités mes songes ? Suis-je condamnée à vivre et à mourir sous ce ciel d'airain qui m'écrase ? N'irai-je point m'asseoir un jour à l'ombre de ces bois dont j'ai tant de fois respiré le parfum dans mon cœur ?

— Vous irez, vous irez, disait Raoul d'une voix tendre.

Milla secouait la tête, et des pleurs voilaient l'azur de ses beaux yeux.

— Je ne sais, disait-elle avec mélancolie ; mais j'ai le pressentiment que je mourrai jeune, sans avoir vu la patrie de ma mère !

— Vous la verrez, vous la verrez, reprenait tendrement Raoul.

Elle demeura quelques instants pensive, distraite et rêveuse; puis, tout d'un coup, changeant d'attitude et de ton :

— Il faut pourtant, s'écria-t-elle gaîment, que je vous adresse une question que je ne me suis pas adressée à moi-même. Pourquoi cette comédie que vous avez jouée et que vous jouez encore vis à vis de mon père? C'est mal à vous de vous railler ainsi de sa crédulité, ajouta-t-elle d'un air de doux reproche.

Raoul se sentait charmé : véritable charme en effet! Il était d'ailleurs de ces âmes faibles qui se laissent aller aisément le long de toutes les pentes amoureuses. Bien vite donc il oublia les recommandations de Déglin; et ne put résister au démon qui le poussait. Il pressa doucement le bras de Milla, et d'une voix émue, presque tremblante :

— Enfant, vous disiez ce matin, sous le massif des grenadiers, que je vous étais apparu comme un frère. Vous, Milla, vous m'êtes apparue comme un ange. Votre premier regard me troubla; votre premier sourire éclaira la nuit de mon âme. Comment cela s'est-il pu faire? J'arrivais triste, découragé, et voici que sur cette terre, où je n'étais venu chercher que l'oubli, vous me rendîtes soudain l'espérance. J'ignorais ce qui se passait en moi, mais je rêvais de vous sans cesse, comme vous rêvez de la France; vous étiez pour moi comme cette patrie mystérieuse qui vous tourmente et vous appelle. Votre image me suivait partout; votre voix chantait dans mon cœur. L'unique préoccupation de mes jours était de vous voir, de vous parler et de vous entendre; j'usai de ruse et parvins jusqu'à vous.

— C'était donc moi que vous cherchiez, demanda la jeune fille, le jour où je vis votre tête s'élever au-dessus du mur et passer à travers les branches?

— C'était vous.

— Je vous crois, car je vous attendais, reprit naïvement Milla. Oui, c'est vrai, je vous attendais. Je vous avais à peine entrevue, et cependant vous manquiez à ma vie. N'est-ce pas étrange? J'étais assise sur le tertre de gazon, à cette même place où nous nous sommes assis ce matin l'un et l'autre; je chantais une canzonette florentine : *Son' rimata vedovella, su la bell' fiore dell' anni miei. Je suis restée veuve sur la jeune fleur de mes ans.* Je chantais cela et je pensais à vous. Je ne vous avais pourtant vu qu'une fois. Je pensais à vous, et tout d'un coup j'aperçus votre tête au milieu des rameaux en fleurs. Vous souvient-il que je vous jetai une fleur rouge par-dessus le mur?

— Je l'ai longtemps pressée sur mes lèvres, répondit M. de Kermadec.

— Le jour de mon départ, ajouta Milla, j'en jetai une autre, en signe d'adieu, dans le sentier de la *villa.*

— Je l'ai longtemps gardée sur mon cœur.

— C'est que vous m'aimez, dit la belle enfant. J'ai lu que souvent il en est ainsi de l'amour, qu'il naît et jaillit de deux regards qui se rencontrent. Je n'y croyais pas, je le crois à cette heure, car il me semble que je vous aimai le jour où je vous vis pour la première fois.

Raoul, qui n'avait pas compté sur un aveu si prompt et si naïf, ne répondit qu'en baisant les doigts effilés d'une petite main qu'on ne retira pas.

— J'aime aussi votre ami, dit Milla ; il me plaît, il est bon, il vient comme vous de la France.

Comme elle disait, Raoul aperçut Jacques et M. Naldi qui venaient, en discutant, à leur rencontre.

— Il paraît, monsieur le marquis, s'écria

l'Italien en s'adressant au jeune Français......

Il était rouge de colère et furieux d'en être pour ses frais. Il ne put en dire davantage, la fin de la phrase lui resta dans la gorge.

— Que diable, s'écria Déglin, le seigneur *Naldi* n'est pas juste. Entendez raison, *Padrone*.

— Qu'y a-t-il? demanda Raoul.

— Il y a, répondit Jacques, que le *Padrone* s'entête à prétendre que sa *villa* est un palais, et que M. le marquis pourrait y mener un train de prince.

— Je mourrai plutôt que de convenir du contraire, s'écria le bonhomme, et si M. le marquis veut m'entendre.....

— Inutile, *Padrone,* complètement inutile, répliqua Déglin. C'est M. le marquis lui-même qui m'a dit, ce matin, qu'avec la meilleure volonté du monde, il ne saurait s'accommoder de votre *villa.* Ce n'est pas notre faute, à nous!

On nous parle d'un château royal, et l'on nous montre un rendez-vous de chasse.

—Un rendez-vous de chasse! un rendez-vous de chasse! répéta M. Naldi, dont le visage venait de passer subitement du rouge écarlate au rouge ponceau.

— Eh! oui, *Padrone*, moins encore, ajouta Déglin en mettant les mains dans ses poches.

— Un rendez-vous de chasse! répétait M. Naldi avec rage.

—Une guinguette, si vous l'aimez mieux, dit Déglin qui se faisait à bon escient impoli et presque grossier pour en finir d'une façon décisive, et fermer à tout jamais au marquis les portes de la *casa* et de la *villa Naldi*.

—Une guinguette? s'écria l'Italien qui ne comprenait pas le sens de ce mot.

—*Una locanda, una bettola, una bettoleta, una bettolaccia*, reprit l'implacable Déglin, pour qu'il sût bien à quoi s'en tenir.

A ces mots, M. Naldi serra les poings et faillit se jeter sur lui comme un tigre.

M. de Kermadec le retint, et s'adressant à son intendant :

— Déglin, vous allez trop loin, lui dit-il d'un ton sévère. Puis, se tournant vers le Naldi :

— Il est vrai, Monsieur, que votre *villa* n'est pas tout-à-fait ce qu'on m'avait promis. Je l'aurais désirée plus vaste et plus spacieuse. Elle manque d'eau et d'ombrages.

— Elle manque de tout, dit Déglin.

— Cependant telle qu'elle est, votre *villa* me plaît, reprit M. de Kermadec. J'en aime la situation. Près de Tivoli, à quelques milles de Rome, c'est là ce que j'avais rêvé. Si vous le voulez bien, nous en reparlerons.

Les traits de Naldi s'éclaircirent et rayonnèrent comme si un coup de vent eût balayé la brume qui lui couvrait la face.

— Monsieur le marquis oublie, dit Jacques,

que nous avons projet d'aller faire tout prochainement un petit tour en Abyssinie.

— J'ai changé d'avis, répondit Raoul; décidément nous nous fixons à Rome.

A ces mots, M. Naldi lança un coup d'œil vainqueur à Déglin; Déglin y répondit en laissant tomber un regard de pitié douloureuse sur la jeune fille qui revenait rêveuse, après s'être éloignée durant cette scène. Ils retournèrent tous quatre au gîte; cette fois Milla était au bras de Jacques; Raoul et M. Naldi marchaient en avant.

On passa le reste du jour à la campagne. Déglin était triste et soucieux; plus d'une fois il fut tenté de déclarer au papa Naldi qu'il n'était qu'un Cassandre et qu'on se moquait de lui; la crainte d'offenser Raoul l'arrêta. M. Naldi modérait à peine la satisfaction qu'il avait de voir M. le marquis mordre à l'hameçon de la *villa*. Il se rappela qu'il avait aux champs, comme à la ville, quelques flacons d'un vieux vin qui, pour n'être pas de Falerne, avait cependant son prix. *Milla* sentait s'épanouir en elle un bonheur nouvellement éclos qu'elle ne songeait pas à contenir; un œil plus scrutateur que ne l'était celui de son père en ces sortes de choses, eût aisément surpris sur son visage le secret de son jeune cœur. Déglin en était déjà maître. M. de Kermadec, lui, s'abandonnait avec une lâche volupté au charme irrésistible que toutes les âmes de cette trempe trouvent au jeu des passions naissantes. Il évita de se rencontrer seul avec Jacques, mais non avec Milla qui, d'ailleurs, ne le fuyait pas. Pour ces deux enfants, ce fut une journée charmante. Vers le soir, la jeune fille entraîna Raoul vers le bouquet de chênes qui abritait la tombe de sa mère; elle disait que les os de la morte tressailleraient de joie en se sentant foulés par un pied breton.

A la tombée de la nuit, on quitta la *villa* avec promesse d'y bientôt revenir signer le contrat de vente. D'ici là on devait se revoir tous les jours pour en discuter les articles. Le carrosse et les deux haridelles ramenèrent M. Naldi et les deux amis à Rome; *Milla,* qui sentait le besoin de regarder son bonheur à loisir, avait refusé de les accompagner.

Jacques et Raoul, laissèrent leur hôte à sa porte et prirent silencieusement le chemin de leur logis.

— Tenez, Raoul, dit enfin Déglin en entraînant son compagnon dans une de ces rues désertes qui ne manquent point à Rome, je vais vous parler à cœur ouvert.

— Voici le quart d'heure de Rabelais! s'écria M. de Kermadec avec résignation.

— Je ne suis pas content de vous, Raoul; notre jeune amitié a tous les droits d'une vieille affection. Laissez-moi donc vous dire que, si je me suis conduit hier comme un étourdi, aujourd'hui vous avez agi comme un enfant. Un ami plus sévère vous dirait qu'en ce jour vous n'avez point agi en galant homme.

— Mais, pour Dieu, Déglin, à qui en avez-vous? s'écria Raoul avec humeur. Vous m'allongez, depuis ce matin, une mine de loup-cervier. Qu'ai-je fait? Pauvre Jacques, vous me vantez.

— Ce que vous avez fait, Raoul? un meurtre, rien de plus. Vous avez entamé un jeune et adorable cœur. En savez-vous le prix?

— Peut-être, répliqua froidement le jeune homme.

— Aimerez-vous sérieusement cette fille qui déjà vous aime?

— C'est fait, répondit Raoul.

— Et vous l'épouserez? dit Jacques.

En cet instant M. de Kermadec se rangea brusquement pour laisser passer une chaise de poste, attelée de quatre chevaux. La chaise était découverte, une femme s'y tenait seule, dans une attitude nonchalante, demi-couchée sur les coussins.

M. de Kermadec n'eut pas la force de répondre à la dernière question de Jacques. Il sentit ses jambes fléchir, et plus pâle que la blanche lune qui nageait dans l'azur du ciel, il s'appuya sans vie sur Déglin.

V

Cependant Milla s'abandonnait sans défiance aux entraînements de son cœur. Comment se serait-elle défiée? Elle ne savait rien du monde ; elle avait grandi près de sa mère, dans une poétique ignorance, loin des sentiers battus de la réalité. Naïve comme un enfant, superstitieuse comme une Italienne, romanesque comme tous les esprits qui se sont développés dans la solitude, elle ne doutait pas que ce jeune homme qui lui était apparu, le soir même du jour où elle avait décidé qu'elle n'épouserait qu'un Français, et qu'elle irait vivre et mourir sous le coin de ciel qui avait éclairé le berceau de sa mère, elle ne doutait pas, dis-je, que ce voyageur, venu précisément du pays de Bretagne, ne lui eût été envoyé tout exprès par la Providence, et Milla remerciait le ciel qui, ayant bien voulu lui envoyer un époux selon ses rêves, c'est-à-dire Français et Breton, avait pris soin de le choisir jeune et beau comme elle. Ainsi qu'il arrive, à coup sûr, aux âmes virginales et richement douées, naturellement impatientes d'épandre le trop plein de vie qui les oppresse, Milla s'absorba tout entière, sans réserve et sans restriction, dans le sentiment nouveau qui venait d'éclore en elle; et comme c'était une âme grave et réfléchie, autant qu'ardente et enthousiaste, il se trouva que ce sentiment qui s'épanouissait en grâces et en rêveries charmantes, jetait en même temps dans son sein de vives et profondes racines. Demeurée seule à *la villa*, elle repassa dans son cœur tous les détails de la journée qui venait de s'écouler, et la nuit elle se vit, en songe, sur la terrasse du château de Raoul, suspendue au bras de son jeune ami.

Milla s'était décidée à passer à la campagne les derniers beaux jours de l'automne. Son père, qui ne voyait en elle qu'une enfant, la laissait volontiers maîtresse de ses actions, non sans la confier toutefois à la garde d'une gouvernante qui, à vrai dire, ne la gênait en rien. Mais quel danger pouvait courir cette noble et belle créature? Sa candeur et son innocence la protégeaient plus efficacement que ne l'aurait pu faire la vigilance la plus assidue; il n'était pas de témérité qu'elle n'eût désarmée par un regard ou par un sourire.

On pense bien que Raoul n'eut rien de plus pressé que d'aller s'installer à Tivoli, accompagné du bon Déglin qu'il avait bientôt mis dans les intérêts de son amour, en l'assurant que cet amour digne déjà, par son désintéressement, de la beauté qui l'inspirait, ne demandait qu'à devenir un sentiment sérieux et durable. Déglin avait fini par le croire, tant cette jeune fille lui était apparue pleine de charmes et d'enchantements de tous genres, tant lui-même s'était pris pour elle d'un intérêt soudain et fervent. Le lendemain donc de leur retour à la ville, ils partirent de nouveau pour Tibur, non plus déguisés en marquis et en intendant, non plus dans le carrosse du seigneur Naldi, tranchant du grand seigneur et s'étalant sur les coussins un peu bien râpés, mais à pied, et dans le modeste équipage qu'ils avaient en arrivant à Rome. L'enfant poussa un cri de joie et battit des mains en revoyant

Raoul tel qu'elle l'avait vu pour la première fois, avec la blouse serrée autour de son corps souple et mince, et le chapeau à larges bords sous lesquels ses cheveux blonds s'échappaient en boucles négligées.

— Ah! s'écria-t-elle en l'examinant des pieds à la tête, je vous aime bien mieux ainsi qu'en marquis.

Puis tendant sa petite main à Jacques :

— Je vous attendais, vous aussi; vous êtes bons d'être venu. Comme nous allons parler de la France! Ah! si ma pauvre mère vivait, ajouta-t-elle, elle serait bien heureuse. Vous voir tous deux et vous entendre lui aurait réchauffé le cœur; vous l'auriez empêchée de mourir.

Il passèrent ensemble des jours enchantés tels que Milla, à l'heure de sa mort, ne pensa pas les avoir achetés trop cher en les payant de sa vie tout entière. Les deux amis s'étaient installés à Tivoli, dans cette même *locanda* qui les avait déjà vus une fois. Levés avec le soleil, ils prenaient aussitôt le sentier de *la villa*, et presque toujours ils rencontraient à mi-chemin la jeune fille qui s'arrêtait, le sourire sur les lèvres, pour voir accourir Raoul, tandis que Déglin, moins pressé, demeurait en arrière, et continuait de s'avancer d'un pas mesuré et calme. La saison était belle; leurs journées s'écoulaient en pèlerinages aux alentours, en haltes sous les ombrages préférés, en causeries intimes, en tendresses mutuelles échangées à la face du ciel qui les protégea de son azur le plus doux, de ses rayons les plus caressants, de ses étoiles les plus brillantes. Ce furent de chastes amours que l'amitié couvrit de ses ailes, et que Dieu dut voir sans colère. Raoul semblait avoir retrouvé toute la fraîcheur de son âge. Il avait décidément jeté aux orties, ainsi que Déglin le lui conseillait quelques jours auparavant, le froc de l'amour malheureux qui n'allait point à ses vives allures. Redevenu lui-même, il était bon, simple, aimable et charmant. A les voir, lui et Milla, marchant l'un près de l'autre, tous deux rayonnant de jeunesse, on eût dit deux enfants de la même mère, deux fleurs écloses presque à la même heure sur le même rameau. Bien loin d'importuner leurs joies, Déglin les sanctifiait, pour ainsi dire, en les partageant. Ils allaient donc ainsi tous trois à l'aventure, Jacques se tenant parfois à l'écart, mais rappelé bientôt par Milla qui s'était prise pour lui d'une affection fraternelle, et qui aimait à se sentir sous ce regard grave et protecteur. Confiante d'ailleurs comme toute innocence, elle n'avait même pas le sentiment de sa sécurité; son cœur était trop pur, son âme trop candide pour aborder l'idée du danger. Ses yeux avaient conservé leur limpidité transparente; ses traits avaient gardé leur gravité souriante et sereine; seulement il y avait sur son front une auréole de bonheur, et sur son visage une lumineuse vapeur, rayonnement des âmes heureuses. La voix de Raoul la plongeait dans des extases sans fin ; de son côté, Raoul ne se lassait pas de l'entendre. Ainsi, cette histoire, si follement commencée, se poursuivait comme une églogue, le long des coteaux, à l'ombre des pins et des mélèses, au bruit des cascatelles mugissantes. Ils prenaient leurs repas à la grâce de Dieu, tantôt sous le toit hospitalier, parfois au pied des pampres qui offraient leurs grappes dorées, parfois aussi à *la villa*, où rien ne gênait leur liberté. Il s'y trouvait un vieux clavecin qui avait autrefois charmé les ennuis de la pauvre exilée : Milla chantait, en s'accompagnant, des canzonnettes italiennes, et plus souvent des chansons de Bretagne qu'elle avait apprises de sa mère. Puis on s'entretenait d'art et de poésie; Milla traduisait

Dante et le Tasse; Raoul, à son tour, disait les vers des poètes de son pays. Déglin bâillait bien quelque peu en les écoutant; mais la jeune fille y puisait à longs traits le doux poison qui enivrait ses sens. M. de Lamartine la berçait comme le murmure de l'onde, comme les soupirs du vent, comme le bruissement du feuillage. M. Hugo l'inondait des magnifiques splendeurs de l'Orient; M. de Musset lui chantait au cœur le chant printannier de la verte jeunesse. Mais il était surtout un poëte, nouvellement éclos, dont elle aimait à se faire redire les chastes inspirations : poëte virgilien, jeune cygne de la vieille Armorique, c'était lui surtout qu'elle aimait, car ses chants, imprégnés des sauvages parfums de la Bretagne, lui arrivaient comme des brises toutes chargées d'émanations dérobées à la patrie lointaine. A sa voix, Milla éperdue voyait se dérouler devant elle la terre chérie de ses rêves, les grands bois, les forêts de chênes, les châteaux crénelés au versant des collines, les sentiers bordés de houx, les landes désertes, les grèves solitaires, et partout l'ombre gracieuse de *Marie*, qui lui souriait en l'appelant sa sœur.

C'était alors qu'on parlait de la France et de cette Bretagne où Milla s'était promis d'aller vivre et mourir ; c'était ainsi qu'on arrivait, par des pentes amoureusement inclinées, aux projets et aux espérances. On s'emparait de l'avenir ; on surmontait tous les obstacles ; on amenait le seigneur Naldi, qui avait bien, lui, épousé une orpheline sans fortune, à donner sa fille à un gentilhomme ruiné ; on allait vivre en France, au bord de l'Océan, dans le vieux château de Raoul. Déglin ne quittait pas ses amis ; il s'établissait auprès d'eux ; il élevait les petits Kermadec. A tous ces rêves de bonheur, qu'égayait l'esprit de Déglin, Milla, souriant et pleurant à la fois, tendait sa main à Jacques et regardait Raoul avec une ineffable expression d'amour et de reconnaissance.

— Hélas! s'écriait parfois la belle enfant en secouant tristement la tête, tant de félicité ne m'est pas réservée. Vous m'enivrez d'un fol espoir; vous verrez que je mourrai sans toucher la terre promise. Du moins, je n'aurai pas quitté le tombeau de ma mère, et je reposerai près d'elle.

— Vous vivrez, ajoutait Raoul; nous irons ensemble chercher la trace de ses pas et baiser la place où fut son berceau.

— Vous vivrez, ajoutait Déglin, et vous serez châtelaine de Kermadec. Notre ami ajoutera une fleur au champ de son blason. Vous aurez le banc d'honneur à l'église du village, et, le dimanche, M. le marguillier vous offrira le pain bénit.

Et parfois Raoul à son tour s'attristait.

— Je suis pauvre, disait-il d'un air découragé; je ne saurais vous offrir qu'une vie bien peu digne de mon amour et de votre beauté.

Mais aussitôt Milla de le rassurer à son tour :

— Pauvre! s'écriait-elle; comptez-vous pour rien l'or de vos genêts et la pourpre de vos bruyères? Pauvre! quand vous avez sur le bord de la mer un château à demi-croulé! En voudrais-je, s'il était neuf? Consentirais-je à l'habiter, s'il n'était pas inhabitable? Voyez ma mère, ajoutait-elle avec mélancolie, elle était riche; elle est morte à trente ans, morte d'ennui et de chagrin! Vous ajouterez sa part de bonheur à la mienne

Ainsi s'écoulaient les heures. On se quittait longtemps après que le ciel avait allumé ses étoiles. Les deux amis retournaient à Tibur en causant, et chaque soleil ramenait un jour semblable au jour de la veille. Pour ne pas éveiller les soupçons du seigneur Naldi, M. de Kermadec allait, de temps à autre, lui faire visite à la ville. Quant à Déglin, il n'y fallait plus songer : *la casa Naldi* lui était à jamais fermée, tant il en avait indisposé le maître, en traitant sa *villa* de guinguette. Il passait près de Milla le temps que Raoul passait à Rome. Jacques se complaisait dans l'étude de ce jeune cœur : à chaque absence de son ami, il y découvrait quelque perle cachée, quelque fleur mystérieuse, quelque nouveau trésor. Cependant Raoul ne se faisait pas longtemps attendre ; après avoir entretenu le bonhomme *Naldi* dans ses espérances, il reprenait le chemin de Tibur, et, grâce à ces courtes absences, on avait toute l'ivresse et toutes les joies du retour.

Il faut le dire pourtant : sur ces trois cœurs, il en était un d'un or moins pur que celui des deux autres. Déjà la vie l'avait altéré, en y mêlant plus d'un grain d'alliage. Nous voulons parler du cœur de Raoul. Il s'était laissé promptement séduire par la poésie de l'aventure et par l'étrangeté de l'héroïne. Trahi par sa maîtresse, dans cette phase douloureuse où le cœur blessé croit qu'il n'est plus pour lui d'autre amour ici-bas que celui qu'il pleure et qu'il regrette, il lui avait été doux de se sentir aimé par une créature plus jeune et plus charmante que celle qui l'avait délaissé. Son dépit et sa vanité y trouvaient des satisfactions secrètes, qui, pour être inavouées, n'en étaient pas moins réelles. Mais, à cette âme fatiguée avant l'âge, qui avait puisé de bonne heure aux sources troublées des passions orageuses, les émotions d'une virginale tendresse ne devaient pas longtemps suffire. Faut-il tout dire enfin ? En lui vantant le charme de Milla, Déglin avait intéressé son orgueil; joignez-y l'attrait de l'inconnu, l'espoir d'afficher son bonheur aux yeux de celle qu'il savait près de lui, et de se venger ainsi des mépris de l'infidèle, cet espoir avait fait le reste. De ce mélange de sentiments, à un amour vrai, sérieux et durable, tel que l'éprouvait Milla, tel qu'il croyait lui-même le ressentir, il y avait un abîme à combler.

Déjà, en l'examinant bien, on aurait pu surprendre en lui de vagues symptômes de lassitude et d'ennui. Il avait compté d'ailleurs sur une guérison trop prompte et trop facile; l'image autrefois adorée le troublait encore; l'idée que cette femme était à Rome, veillait toutes les nuits à son chevet. Son regard ne l'avait pas trompé, il l'avait bien reconnue, c'était elle. Quel sujet l'amenait, de Paris où il l'avait laissée, à Rome où il était venu pour la fuir? A cette question, il sentait sa vie défaillir, et cette question, il se l'adressait à toute heure.

Pour se délivrer d'une préoccupation qui l'obsédait sans paix ni trève, il s'exalta dans son nouvel amour et parvint d'abord à se tromper lui-même; toutefois il n'arracha pas la flèche empoisonnée de sa blessure, et ne réussit véritablement qu'à enfoncer plus avant dans le sein de Milla le trait fatal qui devait tuer cette enfant. Déglin n'était pas dans le secret de toutes ces misères; Raoul lui-même ne s'aperçut pas tout d'abord du travail funeste qui se faisait en lui, et les premiers jours qu'il passa près de Milla furent des jours vraiment enchantés. Mais bientôt le souvenir qu'il croyait enseveli dans le fond de son cœur se réveilla vivant et remonta à la surface. Un jour qu'il était allé à Rome visiter le seigneur Naldi, il revint triste, sombre, distrait, au point que Jacques en fut frappé et que Milla s'en alarma dans sa tendresse. Raoul parla de difficultés qu'il entrevoyait, d'obstacles plus sérieux qu'il ne l'avait d'abord imaginé; mais telle n'était point la cause de sa tristesse.

— Ami, lui dit Milla, pourquoi vous décourager? Mon père m'aime, il écoutera ma prière.

D'ailleurs, ne suis-je pas votre servante? Dites un mot, je vous suivrai partout. En vous donnant mon cœur, je vous ai donné ma vie. Croyez que notre amour est agréable à Dieu; cette nuit j'ai vu ma mère en songe; elle souriait à nos tendresses et nous bénissait tous deux.

Le soir du même jour, en retournant à Tivoli :

— Pourquoi, dit à son tour Déglin, cet air sombre et rêveur? Triste, vous êtes triste! c'est être ingrat envers la destinée. Vous êtes adoré bien au-delà de vos mérites. En cherchant une distraction, vous avez trouvé le bonheur. Vous êtes sorti de France malheureux, trahi, solitaire; vous y rentrerez triomphant, avec une femme jeune et belle que vous aimerez à la face du monde, et qui sera l'orgueil et la joie de votre maison. Ne vous voilà-t-il pas, en effet, bien à plaindre? Ajoutez que le papa Naldi est riche, et qu'il faudra bien que le vieux ladre lâche tôt ou tard ses écus romains. Je vous vois déjà relevant vos tours écroulées et rajeunissant l'éclat de votre nom. Allons, seigneur de Kermadec! l'avenir est beau : il ne s'agit plus que d'étendre la main. C'est une fée de seize ans qui vous offre le rameau magique.

— Ainsi vous pensez, répliqua Raoul, qu'en apprenant que le marquis cousu d'or n'était qu'un pauvre gentilhomme sans autre bien que l'épée de son père et les portraits de ses aïeux, M. Naldi, charmé de la mystification, me jettera sa fille à la tête? Vous êtes sûr qu'il ne me donnerait pas sa *villa* pour rien; mais vous croyez qu'au même prix il s'empressera de me donner sa fille!

— Je vous réponds de Milla, dit Jacques. Ce que fille veut, Dieu le veut. M. Naldi n'est pas le diable.

— Et puis le mariage! reprit Raoul; vous en parlez bien à votre aise.

—Le mariage! s'écria Jacques. C'est, à tout prendre, la position la plus commode pour s'aimer et pour se le dire. Vous êtes bien jeune encore; mais pensez-vous qu'il y ait si grand dommage à couper court aux sottises de la jeunesse? quand vous aurez subi une demi-douzaine d'épreuves du genre de celle qui m'a procuré l'honneur de votre connaissance; quand vous aurez déchiré votre cœur à toutes les ronces, jeté vos illusions à tous les vents, sali votre printemps à toutes les fanges, en serez-vous plus avancé? C'est là pourtant ce que vous appelez jouir de la jeunesse; grand merci!

Tout en devisant de la sorte, nos deux amis arrivèrent à Tivoli. Il faisait nuit close, sans lune et sans étoiles. Raoul faillit se heurter au brancard d'une chaise de poste qu'on avait laissée, faute de remise et de hangar, devant la porte de la *locanda*.

— Il paraît, dit Déglin en entrant, que nous avons de nouveaux compagnons. Ce sont, à coup sûr, des Anglais, venus pour visiter les cascatelles. Les Anglais sont fous de cascades. J'en ai connu un qui se vantait d'avoir bu de l'eau de toutes les cascades du globe. Le pauvre diable est mort hydropique à Terni.

Raoul ne souffla pas un mot. Tout reposait à l'hôtel. Les deux amis se retirèrent chacun dans sa chambre. Jacques ne tarda pas à s'endormir du sommeil du juste. M. de Kermadec s'était jeté tout habillé sur son lit. Inquiet, agité, las de lutter contre l'insomnie, il se leva au bout d'une heure et s'alla mettre à sa fenêtre. Aux lueurs de la lune qui venait de percer les nuages, il aperçut, à la croisée voisine, un pâle visage qui se retira presque aussitôt, mais qu'il eut le temps de reconnaître. Ses pressentiments ne l'avaient pas abusé : c'était elle.

Ç'avait été son premier amour : celui-là ne

perd ses droits qu'à la longue. Raoul passa le reste de la nuit à s'enivrer de l'amertume de ses souvenirs. Cependant l'orgueil prit le dessus sur les regrets. A l'aube naissante, il alla gaîment réveiller Déglin, et tous deux partirent pour *la villa.* Ils trouvèrent Milla souffrante, encore sous l'impression douloureuse que Raoul lui avait laissée la veille. Nature frêle et délicate qu'un coup de vent suffisait à ployer! Le jeune homme mit en jeu toutes les ressources de son cœur et de son esprit pour dissiper le nuage qu'il avait amassé sur ce front charmant. Il y réussit sans peine : il n'était besoin pour cela que d'un sourire caressant, d'une pression de main, d'un amoureux regard. Elle reprit bien vite à la joie et à la confiance ; et de tous les jours qu'ils avaient connus ensemble, celui-là fut, pour Milla du moins, le plus heureux jour. Il ne différa point d'ailleurs de ceux qui l'avaient précédé : promenades à travers champs, repas à l'aventure, promesses échangées, tendres épanchements. Aucun incident n'en signala le cours : seulement, comme ils allaient tous trois le long d'un côteau, Milla, attachée au bras de Raoul, Déglin suivant à quelque distance, ils virent passer, dans un sentier voisin, une femme élégamment et simplement vêtue, qui se promenait, seule, d'un pas lent et d'un air rêveur. Ce n'était pas précisément une fleur de jeunesse et de beauté : toutefois il y avait de la grâce dans sa démarche et du charme autour de sa personne. Raoul pâlit; mais par un effort qu'il fit sur lui-même, il redoubla, près de Milla, d'empressement et de tendresse; son visage sut ressaisir l'expression de l'amour et rappeler l'éclat du bonheur.

—C'est une Française, dit Milla. Il y a, pour moi, comme un parfum auquel je reconnais tout ce qui vient de la France.

M. de Kermadec porta la main de la jeune fille à ses lèvres.

— Elle est seule et triste, ajouta-t-elle ; elle aura perdu l'ami de son cœur.

Quand les deux amis rentrèrent, le soir, à Tivoli, la chaise de poste n'était plus devant la porte de la *locanda*. Raoul en ressentit moins de joie que de tristesse. Cœur hypocrite et lâche, vrai cœur d'homme en un mot, il essaya bien de se persuader le contraire. Mais il n'y put réussir, épuisé qu'il était par les efforts qu'il venait de faire durant cette mortelle journée, à l'unique fin de tromper Milla et de s'abuser lui-même.

Déglin trouva, sur la table de sa chambre, une lettre sous enveloppe qu'il ouvrit précipitamment sans regarder la suscription ; il trouvait ainsi, le soir, en rentrant, les lettres de France qu'on lui faisait passer de Rome. C'était un billet sans signature, de quelques lignes seulement, d'une écriture parfaitement étrangère à Jacques.

Ce billet était ainsi conçu :

« Peut-être pensez-vous, comme moi, qu'il
« serait convenable de me rendre mes lettres,
« désormais inutiles à votre bonheur? Si vous
« n'aviez pas trop de répugnance à me les re-
« mettre vous-même, il pourrait m'être doux
« de vous voir une fois encore ici-bas, une der-
« nière fois peut-être. Toutes mes heures sont
« libres. Je quitte Rome sous huit jours.

« Hôtel de la *Barchetta,* place d'Espagne. »

— Qu'est-ce que cela? s'écria Déglin en tournant ce billet en tout sens et en le flairant à plusieurs reprises. (Il s'en exhalait un parfum doux et pénétrant.) On me prend à coup sûr pour un autre.

En effet, en recourant à la suscription, Déglin lut le nom de M. de Kermadec.

— Je vous demande bien pardon, dit-il en entrant dans la chambre de Raoul; notre faquin de *cameriere* a mis, sur ma table, une lettre qui devait être déposée sur la vôtre, de façon que je me trouve, par une indiscrétion très involontaire, dans un secret qui n'intéresse que vous seul.

— Qu'est-ce donc? demanda Raoul avec émotion.

— Tenez, dit Jacques en lui tendant le billet.

Rien qu'au contact du papier satiné, M. de Kermadec pâlit et s'appuya contre le chambranle de la porte.

— Est-ce que vous vous trouvez mal, mon gentilhomme? demanda Déglin; vous voici exactement comme je vous vis à Rome un certain soir.

En reconnaissant cette écriture qu'il connaissait si bien qu'il avait tant de fois baisée, en respirant ce parfum des jours heureux qu'il avait gardé dans son cœur, Raoul frissonna jusque dans la racine de ses cheveux et ses yeux se mouillèrent de larmes.

— Vous en êtes encore là! s'écria Jacques avec humeur.

Il arracha le billet des mains de Raoul et le lut froidement à haute et intelligible voix. Lorsqu'il eut achevé :

— J'espère bien que vous n'irez pas, dit Déglin.

Et comme M. de Kermadec hésitait :

— Je veux, poursuivit Jacques, vous donner brutalement mon avis là-dessus.

Il se jeta sans façon sur le lit de Raoul, et se tournant vers le jeune homme qui se tenait debout, pâle et silencieux :

— Vous savez, lui dit-il, que je n'aime pas cette femme. Je l'ai vue aujourd'hui pour la première fois, car c'est elle, à coup sûr, qui s'en allait rêvant, au pied du coteau. Je ne l'ai donc vue qu'une fois, mais je la connais mieux que vous ne la connaissez vous-même. Je ne l'aime pas. Elle a le regard faux, la lèvre mince et perfide ; sa démarche a de la grâce, mais c'est la grâce du serpent.

— Vous êtes fou, Déglin ! s'écria Raoul en haussant les épaules.

— Moins que vous, dit Jacques. Voyez son écriture ; moi, riez si vous voulez, j'ai la manie de juger les gens sur leur écriture. Eh bien ! ces lignes onduleuses comme la vipère dénotent la ruse et le mensonge ; ces caractères réguliers, nets et secs, indiquent un cœur dur, une âme sans élan. Rien qu'à la façon dont ces *t* sont barrés, je jurerais que c'est une méchante femme. Les voyez-vous ces petites barres affilées comme la pointe d'un poignard ? Pour moi, c'est l'indice certain d'une abominable nature. Et voyez-vous aussi de quelle façon étrange la queue de ces *d* s'enroule et s'entortille comme la vrille de la vigne? c'est le signe, qui ne trompe jamais, d'un esprit cauteleux et plein de détours.

— Vous n'avez pas le sens commun, dit Raoul qui ne put s'empêcher de sourire.

— Je parle sérieusement, répliqua Jacques. Et maintenant, ajouta-t-il en se mettant sur son séant, je vais vous dire ce que veut cette femme. Qu'est-elle venue chercher à Rome? Je l'ignore, mais soyez sûr que ce n'est pas vous, n'en déplaise à votre vanité. Le soir où vous vous êtes appuyé pâle et tremblant, sur mon épaule, vous l'aviez reconnue dans la chaise de poste qui venait de filer près de nous; vous me l'avez caché, je le devine à cette heure. A votre dernier retour de la ville, vous étiez sombre et préoccupé; pourquoi? je le devine encore. Cette femme s'ennuie; ce doit être une de ces âmes qui veulent des émotions à tout prix. Aujourd'hui, elle vous a vu triomphant, heureux et consolé. Son orgueil en a souffert. Votre douleur ne l'aurait pas touchée; votre bonheur l'a piquée au vif. Tranchons le mot, quoiqu'un peu vulgaire, c'est tout bonnement une femme qui veut vous reprendre pour vous achever.

—Mais, Déglin, vous perdez la tête! s'écria M. de Kermadec avec un geste d'impatience.

— Vous allez me persuader, n'est-ce pas, que cette farouche vertu se soucie de r'avoir ses lettres? Elle en a, par Dieu! bien d'autres qui courent les grands chemins. Son billet me charme, à franchement parler. Elle voudrait vous voir une fois encore ici-bas. Ici-bas me semble bien trouvé! c'est-à-dire qu'elle se prépare à partir bientôt de ce monde pour aller vous attendre au ciel. Vieux jeu, mon cher! vieille rouerie qui laisse voir un peu trop la ficelle! Toutes ses heures sont libres; voilà qui m'enchante! c'est-à-dire que, depuis votre départ, elle vit dans la solitude, dans les regrets et dans les larmes. En vérité, vous me faites sourire tous les deux.

Raoul voulut se récrier; mais Déglin l'interrompant aussitôt:

— Laissez-moi vous dire à présent comment cette femme s'y prendra pour arriver à ses fins. Vous vous présentez : la cameriste qui vous connaît et qui sait par cœur sa leçon, vous accueille la larme à l'œil, avec ces mots touchants : Ah! monsieur Raoul, depuis votre départ, ma pauvre maîtresse est bien triste! A ces mots, comme vous êtes une âme ferme et un esprit fort, vous vous troublez. Cependant on vous introduit. Languissamment étendue sur un divan d'hôtel garni, madame, à votre aspect, se soulève à demi, dans une attitude brisée, et vous tend, sans mot dire, une main brûlante et fiévreuse. Elle est pâle; ses yeux sont brûlés de pleurs; ses cheveux tombent négligemment sur son col et sur ses épaules. Vous restez longtemps silencieux, à vous contempler l'un l'autre. — Vous êtes heureux, vous! dit-elle enfin en soupirant. — Heureux! répétez-vous en soupirant à votre tour; vous ne le croyez pas. — Vous ne m'avez donc pas entièrement oubliée? — Plût à Dieu! — Vous pensez à moi? — Trop souvent. — Pour me maudire? — Je ne puis. Ainsi allumée, la conversation pétille, étincelle, flamboie et s'épanouit bientôt, comme le bouquet d'un feu d'artifice, en *concetti* de tout genre et de toute espèce. Pour l'entretenir, on y jette de part et d'autre tous les souvenirs du passé; tisons noircis qui s'enflamment comme du vieux bois. Puis on arrive au chapitre des reproches et des récriminations. — Avez-vous été assez cruelle? — Hélas! cruelle envers moi, Raoul. — Avez-vous assez méconnu mon amour! —

J'aime mieux vous le laisser croire que de troubler votre bonheur. Puis on finit par les regrets. — Rodrigue, qui l'eût cru? — Chimène, qui l'eût dit? O comble de misères! etc., etc. Les regards se croisent, les mains se cherchent et se rencontrent, et bref, quand vous vous retirez, vous êtes dupe pour la deuxième fois.

— Avez-vous tout dit? demanda M. de Kermadec.

— Non, s'écria Déglin en sautant à bas du lit; Raoul, vous n'irez pas près de cette femme. Je connais, par réflexion sinon par expérience, l'empire d'un premier amour; c'est longtemps un feu mal éteint qu'un souffle suffit à ranimer. Vous n'irez pas; c'est moi qui lui porterai ses lettres avec vos compliments.

—Vous nous calomniez tous deux, répondit gravement M. de Kermadec; vous outragez son cœur et le mien.

— Prouvez-le moi en me laissant le soin de lui rendre sa correspondance.

— Rien ne presse, dit Raoul ; il se fait tard, nous avons besoin de repos l'un et l'autre ; nous en reparlerons demain.

Si Raoul dormit peu, Déglin ne dormit pas davantage. L'inquiétude qu'il avait de la destinée de Milla le tint agité le reste de la nuit. Il ne s'assoupit qu'au matin ; lorsqu'il s'éveilla, il faisait grand jour, et le soleil entrait à pleins rayons dans sa chambre. Aussitôt levé, il chercha Raoul dans l'hôtel et aux alentours ; il apprit bientôt que le jeune homme était sorti de bonne heure, mais on ne put lui dire quelle route il avait prise. Déglin pensa qu'il trouverait ses deux amis dans le sentier de *la villa*. En effet, à mi-chemin, il aperçut la jeune fille, mais Raoul n'était pas auprès d'elle, et tous deux furent également surpris de se rencontrer seuls l'un et l'autre.

— Qu'avez-vous fait de notre ami?

— Pourquoi Raoul n'est-il pas près de vous?

— Ah! couleuvre! ah! vipère! ah! serpent! murmura Déglin entre ses dents.

— Dites-moi donc ce que vous avez fait de Raoul! répéta Milla avec anxiété.

— J'avais oublié, répondit Jacques, que notre ami devait se rendre aujourd'hui même à Rome, pour affaires.

Milla n'en demanda pas davantage. Les soupçons de la jalousie n'avaient jamais rôdé autour de son cœur, et son amour lui répondait de celui de son jeune amant.

— S'il vit, il m'aime, se dit-elle dans la joie de son âme; et son beau front s'éclaircit, et le sourire reparut sur ses lèvres.

Déglin s'appliqua en ce jour à sonder l'amour de cette enfant. Il en mesura la profondeur avec épouvante.

Raoul ne revint que vers le soir.

— Vous voyez bien que je n'en suis pas mort ! dit-il à Jacques en lui tendant la main.

— Par Dieu ! répondit Jacques en retirant la sienne, je sais très bien que si quelqu'un en meurt, ce ne sera pas vous, mon cher.

VI

Ce soir-là, les deux amis, en retournant à Tivoli, cheminèrent longtemps côte à côte sans échanger une parole. Jacques marchait tête basse, les mains dans ses poches, sans paraître se soucier de Raoul, qui, se sentant mal à l'aise vis-à-vis de son silencieux compagnon, et peut-être aussi vis-à-vis de lui-même, allongeait un pas boudeur et un visage mécontent. Ce fut lui qui, le premier, rompit le silence. Après avoir parlé de la fraîcheur de la soirée, des étoiles et de la lune, voyant qu'il ne pouvait tirer un mot de l'impitoyable Déglin, il prit le parti d'aller droit au but et de mettre, comme on dit, le feu à la poudre.

— Vous m'en voulez ? dit-il.

— C'est vrai, lui fut-il répondu sèchement.

Une fois sur ce terrain, la conversation s'engagea. Elle fut vive de part et d'autre. Raoul y déploya toutes les ruses d'un esprit souple et faible qui cherche à se tromper lui-même; Jacques, toute la franchise d'un caractère ferme et sans détour. Bref, ils se séparèrent assez peu satisfaits l'un de l'autre. Le lendemain, M. de Kermadec redoubla près de Milla, d'attention, d'amour et de tendresse. Peut-être ce luxe de sentiments était-il véritablement dans son cœur; peut-être aussi ne l'étala-t-il avec tant de complaisance que pour donner un démenti aux prévisions de Déglin. Ce fut, d'ailleurs, le dernier jour qu'ils passèrent ensemble à la *villa*. Sur le tantôt, ils virent arriver le carrosse et les deux haridelles de M. Naldi qui venait chercher sa fille pour la ramener à la ville. Les deux amis s'esquivèrent à la hâte et prirent eux-mêmes, le jour suivant, la route poudreuse de Rome.

Privés de la liberté des champs, nos amants surent pourtant s'organiser une vie douce et facile. Grâce à la comédie qu'avait imaginée Déglin, et qui continuait toujours vis-à-vis de M. Naldi, Raoul avait, à la *casa*, ses grandes et petites entrées. Déglin, de son côté, était rentré dans les bonnes grâces du *padrone*, en lui achetant, au prix de cinq cents bonnes livres de France, un méchant tableau qu'il voulut bien prendre pour une toile du Parmesan. Quant à l'achat de la *villa*, on avait renvoyé au printemps la conclusion de cette affaire. En apparence, rien n'était changé et tout semblait aller pour le mieux. Si Raoul apportait près de Milla des préoccupations du dehors, c'était à l'insu de lui-même; entre les deux amis, il n'était plus question de la femme qui les avait un instant divisés, et M. de Kermadec paraissait l'avoir complètement oubliée. Déglin la croyait partie de Rome; Raoul ne cherchait pas à le détromper, bien qu'il fût certain du contraire.

Cependant, Milla souffrait de voir ses amours se poursuivre à l'aide d'une ruse qui répugnait à la droiture de son cœur. Elle priait Raoul d'en finir, et lui offrait de tout dire à son père; mais le jeune homme s'effrayait et demandait du temps. Il fallait attendre et ne pas compromettre tant de bonheur par un aveu irréfléchi et trop hâtif. Milla voulait tout ce que voulait son ami, mais elle souffrait de ces retards. Sa santé s'en trouvait visiblement altérée; une fièvre lente la consumait, elle avait perdu le sommeil; toutefois c'était, comme par le passé, la même grâce, le même charme et la même aveugle confiance.

Vers le milieu de l'hiver, l'humeur de Raoul changea. Il devint distrait, préoccupé, tel enfin qu'il s'était montré un jour à la *villa*. Milla ne s'en aperçut pas tout d'abord; mais Jacques, qui ne le quittait guère, en fut aussitôt frappé. Il s'en inquiéta, il en chercha la cause, mais vainement. Un soir qu'ils étaient réunis tous trois autour d'une lampe, tandis que M. Naldi vaquait aux soins de sa maison:

— Vous me faites des mystères, dit Milla en s'adressant à Raoul d'un ton de doux reproche.

M. de Kermadec rougit et regarda la jeune fille d'un air étonné.

—Oui, reprit Milla, vous connaissez la femme que nous avons rencontrée un jour, aux alentours de Tivoli ; c'est mal à vous de me l'avoir caché. Je vous ai vu, aujourd'hui, au *Corso,* passer avec elle en voiture. Raoul, c'était bien elle, et c'était bien vous, mon ami.

Le jeune homme se troubla, et comme il hésitait à répondre :

— En effet, dit Jacques avec sang-froid, c'est une compatriote que le hasard nous a fait connaître. Si nous n'en avons pas parlé, c'est qu'en vérité, la chose n'en valait pas la peine.

— Elle est belle, cette femme? demanda l'enfant d'un air craintif.

— Je ne l'ai pas regardée, répondit négligemment Raoul.

— Ni belle, ni jeune, repartit Déglin. Elle pourrait être votre mère à tous deux.

— Ma mère était belle comme le jour, ajouta tristement Milla ; plus belle, la veille de sa mort, que je ne le suis à cette heure.

La présence de M. Naldi coupa court à cet entretien. Malgré les efforts qu'il fit pour se vaincre, M. de Kermadec se montra, le reste de la soirée, sombre et taciturne. Milla craignit de l'avoir offensé en lui laissant voir l'éclair de jalousie qui avait traversé son cœur. Elle s'en accusait comme d'un crime, et plus d'une fois elle détourna la tête pour cacher ses larmes. Lorsque les deux amis se levèrent pour se retirer, elle trouva le moyen de prendre Raoul à part :

— Ami, pardonne-moi, lui dit-elle, je ne suis pas jalouse. Je sais que tu m'aimes et j'ai foi en toi comme en Dieu.

Raoul la baisa au front. Mais elle, lui jetant les bras au col par un brusque mouvement de repentir et de tendresse, elle laissa quelques instants sa tête charmante reposer sur la poitrine du jeune homme.

Jacques et Raoul firent en silence le trajet

qui séparait *la casa Naldi* de leur hôtel. A peine rentré, M. de Kermadec prétexta une forte migraine, à cette fin de s'aller coucher et d'échapper ainsi à l'orage qu'il sentait près d'éclater sur sa tête. Mais Déglin le suivit dans sa chambre et l'orage d'éclater aussitôt. Jacques n'y allait pas de main-morte : il fut dur, inflexible, sans ménagement, sans pitié.

— Vous n'êtes pas un cœur méchant, disait-il en marchant à grands pas dans la chambre ; mais vous êtes un faible cœur, ce qui est pire, et vous avez, à ce compte, toutes les honteuses infirmités que la faiblesse traîne à sa suite : la ruse, la perfidie, le mensonge. Allez, vous n'avez de breton que le nom.

— Et peut-être quelque chose encore, répliqua fièrement Raoul qui sentit tout son sang lui monter au visage. Quand vous voudrez, je vous le ferai savoir.

— C'est bien de cela qu'il s'agit ? répondit

Déglin en haussant les épaules. Quand vous m'aurez logé une balle dans la tête, vous aurez le droit, n'est-ce pas, de porter plus haut la vôtre? Je n'en veux pas à votre vie, moi. Tâchons de nous oublier l'un et l'autre : mettons de côté tout orgueil et tout amour-propre. Il ne s'agit ici que d'une destinée que je vous ai follement aidé à compromettre.

— Mais qui vous dit, s'écria Raoul, que je l'oublie, le soin de cette destinée? Et si je l'oubliais, de quel droit, à quel titre m'y rappelleriez-vous?

— Du droit que donne l'amitié. Et si vous me disputiez ce titre, j'aurais encore à vous faire observer que, vis-à-vis de Milla, nous sommes, vous et moi, solidaires, et que ma conscience est engagée tout autant que la vôtre dans cette aventure. Parce que vous m'avez offert de jouer votre existence contre la mienne, vous croyez, enfant, que tout est dit; vous

vous trompez. Affronter la mort est facile ; c'est une affaire de tempérament, c'est le propre des courages vulgaires ; mais accepter noblement la lutte avec cet autre adversaire qui s'appelle la vie, jusqu'au bout du duel regarder en face, sans broncher, sans faillir, cet ennemi de tous les jours et de tous les instants, c'est là, croyez-le bien, qu'est le véritable héroïsme. Que je vous tue ou que vous me tuiez, il resterait encore une destinée brisée dont nous serions tous deux responsables. Raoul, ajouta-t-il d'une voix affectueuse en lui prenant la main, Milla vous aime, elle a tout mis en vous, c'est une de ces âmes assez rares qui s'abîment et se consument dans un unique amour. Qu'allez-vous faire ? Vos intentions sont bonnes ; vous croyez ne céder qu'au charme des souvenirs ; mais, si vous n'y prenez garde, vous vous trouverez bientôt ressaisi par les mauvais liens. Qu'il n'en soit pas ainsi ;

vous devez à Milla, vous vous devez à vous-même de ne plus revoir cette femme. Ne la voyez plus, et si vous souffrez encore de vos anciennes blessures, venez à moi, mon cœur vous est toujours ouvert.

M. de Kermadec, à ces mots, se sentit ému. Il fut tenté de se jeter dans les bras de Déglin et de s'ouvrir à lui des combats qu'il soutenait depuis longtemps. En cédant à ce bon mouvement, il aurait tout sauvé, mais l'orgueil l'enchaîna. Vainement, Jacques supplia ou s'emporta ; il ne put lui arracher l'aveu de ses tortures et de ses faiblesses. Raoul s'obstinait à nier le mal et à méconnaître le danger.

Cependant, le mal empirait et le danger devenait de jour en jour plus imminent. Raoul évitait Déglin, s'absentait des journées entières et ne portait plus, près de Milla, qu'un visage triste et contraint. La jeune fille s'en plaignait doucement à Jacques qui essayait de la rassurer, mais il était loin de partager la sécurité qu'il s'efforçait de rendre à ce cœur alarmé. Parfois, Milla se risquait à interroger Raoul sur le changement qui s'opérait en lui.

— Qu'avez-vous? vous souffrez? pourquoi?

Mais cette sollicitude ne réussissait qu'à irriter le jeune homme, et la pauvre enfant finit par renfermer sa douleur dans son sein. Sur les derniers temps, M. de Kermadec était devenu sombre, brusque, irascible, en tout méconnaissable; ses traits se ressentaient du mauvais état de son âme.

Déglin résolut d'aller à la source même du mal chercher un remède à tant de misères. Il se rendit un matin, place d'Espagne, à l'hôtel de la *Barchetta*. Ce digne garçon comprit en sortant qu'il venait de faire ce qu'on est convenu d'appeler un pas de clerc. Assez habile sur les théories, comme tous les esprits qui ont beaucoup réfléchi, il était très gauche dans l'action, comme tous les gens qui ont peu vécu. Il s'enferra, c'est le mot. On le reçut avec une politesse froide, fine et railleuse qu'il essaya vainement d'entamer, et qui le mit, durant une heure, dans la position d'un chat qui s'entêterait à grimper le long d'un mur de marbre ou de cristal.

Loin d'obtenir le succès qu'il en attendait, cette démarche, qu'il regretta, acheva de gâter les affaires et ne servit qu'à le confirmer dans l'idée qu'il s'était faite de cette femme. M. de Kermadec en fut instruit et s'en plaignit amèrement à Déglin qui répliqua plus amèrement encore. Ainsi, on s'aigrissait de part et d'autre, et la *casa Calosi*, qu'ils avaient si longtemps édifiée par le tableau de leur intimité fraternelle, retentissait tous les jours de leurs discussions et de leurs débats.

Sombres ou sereins, joyeux ou tristes, les jours passent ; sur les cailloux rugueux comme sur le sable doré, la vie coule et rien ne l'arrête. On touchait aux premiers jours du printemps. Un soir, Milla dit à Raoul :

— J'irai demain à la *villa ;* venez seul. Cela nous fera du bien de revoir ce pays où nous avons été si heureux. Je vous attendrai ; viendrez-vous ?

Raoul promit et se retira la mort dans l'âme.

Le lendemain, il sortit de son hôtel pour gagner la route de Tivoli, cette route qu'il avait tant de fois parcourue le pied leste et le cœur content. En traversant la place d'Espagne, il aperçut à une fenêtre de l'hôtel de la *Barchetta*, un visage qui l'attira irrésistiblement comme l'aimant attire le fer. Que se passa-t-il ? nous l'ignorons, mais la jeune fille attendit vainement. Le soir, elle revint à Rome, le sein gonflé et les yeux rouges de larmes. Raoul ne se présenta pas. Elle le chercha sur la terrasse : la terrasse demeura déserte. Le même soir, Déglin apprit de la *signora Calosi* que M. de Kermadec était rentré dans le jour, et qu'il avait réglé ses comptes. Il courut à l'hôtel de la *Barchetta ;* une chaise de poste venait d'en partir. Il avait fui, notre triste héros, fui lâchement, comme un déserteur, sans crier gare, sans laisser un mot ! Avions-nous dit que ce fût un héros ?

Lorsqu'elle vit Déglin entrer seul dans sa chambre, Milla comprit qu'un grand malheur venait d'arriver.

— Raoul est mort ! s'écria-t-elle.

— Raoul est parti pour la France ! dit Déglin en recevant la pauvre éperdue dans ses bras.

Puis il essaya d'amortir le coup. M. de Kermadec avait reçu des lettres qui le rappelaient impérieusement. Il avait dû partir le jour même ; il reviendrait à coup sûr avant peu de temps. Mais à tout ce que disait Jacques, Milla secouait la tête et ne répondait que par des pleurs et par des sanglots. Pas un reproche d'ailleurs, pas une plainte! Les premiers transports de sa douleur une fois apaisés, elle tendit la main à Déglin et lui dit :

— Nous parlerons de lui sans cesse.

— Nous l'attendrons ensemble, répondit Jacques. Raoul reviendra pour vous emmener en Bretagne. Il m'a chargé de vous dire qu'il allait faire restaurer un peu son vieux château pour le rendre moins indigne de vous recevoir.

— Vous ne partirez pas, vous? ajouta Milla d'une voix suppliante.

— Non, chère enfant, je resterai près de vous.

— Vous êtes bon; embrassez-moi, dit-elle.

Déglin la pressa sur son cœur, et du revers de sa main il essuya ses yeux humides.

— Il ne m'a même pas écrit, dit Milla.

— Il me laissait auprès de vous, répondit Jacques en souriant; il aura pensé que je valais peut-être une lettre.

— Il est parti sans me dire adieu!

— Il pleurait en m'embrassant; était-ce pour moi que coulaient ses larmes?

— Il ne m'aime plus, il ne m'aime plus! s'écria-t-elle.

— Il vous aime, il vous aime, répéta Déglin; vous êtes la femme de son cœur.

— Dites-le donc! Je ne le crois pas, mais dites-le toujours, il m'est doux de l'entendre.

En apprenant le départ de son marquis, le bonhomme Naldi éprouva un désappointement qu'il serait difficile d'exprimer. Déglin le rassura en lui laissant entrevoir que M. de Kermadec n'était parti si précipitamment que pour aller régler des affaires de succession, réaliser sa fortune et revenir s'installer à Rome. Jacques en arriva bientôt, par mille ruses innocentes, à captiver les bonnes grâces du vieillard, et il devint l'ami de la maison, au point qu'il passait, dans le quartier, pour le futur époux de la jeune *signora*. Il voyait Milla tout les jours, à toute heure, souvent devant son père, mais seule aussi parfois, sans que M. Naldi y trouvât à redire. Ils ne parlaient que de Raoul et de son prochain retour; tous deux savaient pourtant que Raoul ne reviendrait pas.

En effet les semaines et les mois s'écoulèrent; M. de Kermadec ne donna pas signe de vie. Jacques trouva d'abord des excuses à ce silence; mais toutes les ressources de son esprit ne purent longtemps y suffire. Ne pouvant plus le défendre, il s'avisa de l'attaquer; espérant, par ce moyen, le perdre dans le cœur de Milla et guérir ainsi cette enfant de l'amour qui la dévorait. Mais la noble fille ne le souffrit jamais; jamais elle ne permit qu'on outrageât l'absent, et si parfois Déglin hasardait encore quelques paroles sévères :

— Pourquoi l'accuser? disait-elle. Il n'a pas su combien je l'aimais, il n'a pu prévoir le mal qu'il allait faire en me délaissant de la sorte. Je l'ai si vite aimé ! Il aura pensé que je l'oublierais de même. C'est tout simple. Et puis, ce pauvre enfant, nous l'avons tourmenté ; le mariage l'effrayait peut-être. Il est si jeune ! On ne se marie pas à son âge. Moi je ne voulais l'épouser que pour avoir le droit d'être sa maîtresse. Je ne m'en souciais pas autrement. D'un geste, d'un mot, d'un regard, il m'eût fait le suivre jusqu'au bout du monde. S'il n'a pas voulu, c'est que sans doute cela lui plaisait moins qu'à moi, ce n'est pas sa faute. Je ne l'accuse pas, je le pleure ; je ne me plains pas, mais j'espère en mourir.

— Allons ! allons ! disait Jacques avec humeur ; on ne meurt pas de ces choses-là.

Non, sans doute, on n'en meurt pas, pour peu qu'on soit fort et robuste. Mais la santé de Milla était depuis longtemps altérée ; elle ne tarda pas à dépérir sensiblement. Elle se mourait aussi de ce mal du pays qu'elle avait hérité de sa mère et que Raoul avait contribué à développer en elle dans des proportions effrayantes. Un jour, Déglin lui dit :

— J'ai une ferme en Normandie ; si vous vouliez, Milla, je pourrais la changer pour un vieux château en Bretagne.

Milla lui serra la main, sourit tristement et ne répondit pas.

Jacques resta près d'elle jusqu'à l'heure suprême, toujours bon, tendre et dévoué. Elle s'éteignit le 15 septembre, la main dans celle de son ami, les yeux tournés vers la terrasse où lui était apparu pour la première fois l'enfant qui devait la tuer, jour pour jour, deux années plus tard. Son dernier vœu fut exaucé ; on l'ensevelit à la *villa* sous le bouquet de chênes, près de la tombe de sa mère. Ce fut Déglin qui la conduisit à sa dernière demeure. Il l'avait lui-même couchée dans son cercueil, toute vêtue de blanc, entourée de guirlandes de roses blanches, pareille à un beau lys brisé au milieu d'un parterre en fleurs.

Ce ne fut qu'au bout de dix-huit mois que Jacques Déglin, de retour en France, rencontra M. de Kermadec. Il lui remit, sans préambule, une lettre que Raoul s'empressa de lire. Cette lettre était ainsi conçue :

« Ami, je ne t'en veux pas. Je sens que je vais mourir; mais ce triste cœur s'éteindra sans avoir exhalé sa plainte; il s'éteindra en bénissant le jour où je te vis pour la première fois Pourquoi t'en voudrais-je? ce n'est pas ta faute. Tu as voulu m'aimer, je le crois; et tu n'as pu, voilà ton crime. Tu ne pouvais pas prévoir que j'en mourrais. Je suis bien sûre qu'en apprenant ma fin prématurée, tu pleureras un peu cette pauvre Milla. Ce m'est une grande consolation de penser que ma vie ne t'a fait aucun mal et que ma mort sera le seul chagrin que j'aurai mis dans ton existence. Pardonne-moi comme je te pardonne.

« Vois-tu, mon Raoul, je t'ai trop vite aimé, c'est de là qu'est venu le mal. Ma conduite t'aura semblé légère. Tu n'auras pu croire qu'un amour si prompt à s'allumer dût ne pas s'éteindre de même. Que veux-tu ? on ne m'avait pas enseigné l'art de feindre. Je t'ai aimé tout de suite et je te l'ai dit aussitôt. Ma mort te prouvera du moins que c'était sérieux dans mon cœur et que ce cœur t'aurait été fidèle.

« Ne me pleure pas trop ; il est moins aisé de vivre que de mourir. Vois ma mère : elle est morte jeune, et pourtant elle se plaignait d'avoir trop long-temps vécu. Va, ce n'est pas grand dommage que de s'en aller avant l'heure. Et puis, mon bien-aimé Raoul, ce n'est pas toi seul qui me tue. Je meurs aussi d'un autre mal, de ce mal étrange dont j'ai puisé le germe dans les flancs maternels. Ange de la patrie, qui promettiez si bien de m'emporter sur vos ailes, pourquoi m'avez-vous abandonnée sur cette terre de douleur et d'exil?

« Je crois, ami, que tu as eu tort de ne point vouloir de moi. Tu trouveras difficilement une tendresse égale à la mienne. Quelque chose me dit que tu ne me remplaceras pas. Je vais partir avec la conviction que je t'aurais rendu heureux. Ne penses-tu pas que nous aurions été bien gentils tous deux dans ton vieux château de Bretagne? Il me semble, à moi, que j'aurais fait une bonne petite châtelaine. Tiens, laisse-moi pleurer mon rêve, ce rêve que nous avons caressé tant de fois ensemble. Je m'étais arrangée près de toi une existence si douce et si charmante! Si tu avais compris tout ce que tu pouvais donner de bonheur à cette pauvre créature, tu n'aurais pas eu la force de la quitter. Peut-être l'as-tu compris ; mais tu te seras dit que je n'en valais pas la peine. O mon Raoul, il est trop vrai, je n'en étais digne que par mon amour.

« Tu ne m'oublieras jamais, n'est-ce pas ? Je tiendrai toujours une petite place dans ton cœur ? Que mon souvenir te soit bon ; je n'aurai été pour toi rien de mauvais ni de funeste. Tu m'auras prise comme ces fleurs que tu cueillais dans nos promenades et que tu effeuillais le long du sentier, après en avoir respiré le parfum.

« Pense à moi sans remords et sans amertume. A moins qu'il ne te plaise de croire que c'est toi qui m'as mise au tombeau, ne t'accuse pas de ma mort. Non, mon Raoul, non, ce n'est pas toi qui m'as tuée. Tu sais quelle fièvre me consumait déjà, quand tu m'as rencontrée. Avec toutes les apparences du bonheur et de la santé, j'étais triste et déjà souffrante. Rappelle-toi quels sombres pressentiments venaient parfois me surprendre à ton bras, au milieu de nos plus riantes espérances. Ce n'était pas de toi que je doutais ! mais je devais mourir jeune; c'était écrit là-haut, je le sentais. Il est bien vrai pourtant que tu aurais pu conjurer le sort. Tu ne m'auras pas tuée, mais tu m'auras laissé mourir. Ah ! je ne te fais point de reproches; seulement, permets-moi de la regretter cette vie qui pouvait être belle.

« Te souviens-tu de cette canzonette que tu aimais à me faire chanter ?

« Son' rimasta vedovella
« Su la bell' fiore dell' anni miei.

« Je l'ai chantée bien souvent depuis ton départ, mais d'une voix si triste, que le bon Jacques ne pouvait s'empêcher de pleurer en m'écoutant. Aime-le, cet excellent ami, si tu savais quel soin il a pris de *la poverina?* Je lui ai bien recommandé de ne pas te gronder trop fort.

« Si tu reviens jamais dans ce pays, ne manque pas d'aller à la *villa*, c'est là que j'irai bientôt reposer auprès de ma mère. Je ne lui dirai pas que c'est un enfant de son pays qui m'a sitôt envoyé vers elle. Va t'asseoir sous le bosquet de chênes qui abritera nos deux tombes, nos os tressailleront de joie. Mais ce n'est pas là que tu chercheras nos deux âmes. Quand par les soirs d'hiver, dans ton château ruiné, tu entendras la bise souffler et se plaindre à ta porte, ouvre, ce sera peut-être l'âme de ta Milla, surprise par le froid dans les bois et te demandant un asile. Retrouve-la partout dans notre Bretagne, cette âme amoureuse et fidèle; respire-la dans le parfum de tes bruyères; sens-la glisser avec le vent dans les boucles de ta chevelure; écoute-la dans le chant des oiseaux qui saluent ton passage; vois-la flotter dans les nuages qui passent sur ta tête, et te sourire dans les petites fleurs épanouies sous tes verts buissons; elle sera partout où tu seras, joyeuse de ta joie ou triste de ta tristesse.

« Et maintenant, adieu ! Je te disais un soir, te parlant de ma mère, que tu ajouterais sa félicité à la mienne. Puisse la destinée se racquitter envers toi, jeune ami, de ces deux parts dérobées à deux pauvres femmes ! Je te dois quelques beaux jours. Si, comme on l'assure et comme il m'est doux de le croire, les vœux des mourants arrivent jusqu'au ciel, Dieu te les rendra, ces heureux jours que tu m'as donnés, en années bénies et fécondes.

« Encore adieu ! adieu pour la dernière fois ! Quand tu liras ces lignes ! elle aura vécu, ta Milla. Si tu venais, pourtant ! si je te voyais m'apparaître un jour sur cette terrasse où mes yeux, depuis ton départ n'ont pas cessé de te chercher et de t'attendre! Dis, ami de mon cœur, dis, ne viendras-tu pas?

M. de Kermadec demeura longtemps atterré.

— Morte? demanda-t-il enfin.

— Morte, répondit Déglin; c'est plus d'honneur pour vous que vous ne méritez.

A ces mots, Jacques s'éloigna sans saluer.

Le premier mouvement de Raoul fut de se tuer; le second de se faire trappiste; le troisième de traîner dans la solitude une vie bourrelée de remords. A ces fins, il partit pour la Bretagne, et s'y maria huit mois plus tard avec une riche héritière.

HÉLÈNE VAILLANT.

I

J'allai, voici quelques années, visiter les rives de la Creuse. J'aime ce petit pays, non-seulement parce que j'y suis né, mais aussi parce qu'il est un des plus pittoresques et des plus charmants qui se puissent voir. Je l'aime surtout parce qu'il est ignoré et qu'il a su, jusqu'à ce jour, échapper à la curiosité des touristes et aux impressions de voyages. C'est peut-être, avec la Bretagne, le seul coin de la France qui conserve encore aujourd'hui quelque chose de sa physionomie primitive. S'il n'a pas vu, comme la Bretagne, glisser à travers ses bois de chênes la grande ombre de Velléda, il n'a pas vu, comme elle, la tourbe des médiocrités s'abattre sur ses landes et sur ses bruyères. C'est à peine si, de loin en loin, quelque poète de passage en a chanté les sites agrestes, les vallées ombreuses et la rivière aux belles eaux. Sa poésie est vierge, et nul n'en a cueilli la fleur mystérieuse et sauvage. Cependant il faut se hâter d'en respirer le parfum, encore quelques années, l'industrie et la littérature auront pénétré dans ces vallées et dans ces montagnes. Au dernier voyage que j'y fis, ce n'était déjà plus la même grâce ni le même charme. Déjà des fabriques bruyantes commençaient à s'élever sur ces rives dont le frais silence n'était troublé jadis que par le caquetage des moulins. Au lieu des chroniques et des légendes qu'on racontait autrefois, le soir, autour des feux clairs de l'automne, on se délectait en famille à la lecture des feuilletons quotidiens. Avant peu de temps, ce pauvre pays aura, lui aussi, ses romanciers et ses trouvères. Hélas! n'a-t-il pas donné tout récemment une dixième muse à la France, lui qui n'avait produit jusqu'alors que du blé noir et du colza? Je veux conter comment il m'arriva de découvrir cette poétique merveille et d'assister aux débuts d'une histoire que d'autres ont dite avant moi, mais qu'il est bon peut-être de redire, car elle est féconde en enseignements salutaires. La voici dans toute sa simplicité.

Par une belle journée de septembre, je quittai la petite ville de... pour aller retrouver à Saint-Gabriel les rives de la Creuse. Saint-Gabriel est un pauvre hameau, à quelques lieues de.... Je partis par la carriole qui fait tous les jours le double service du village à la ville et de la ville au village. J'étais seul dans la voiture avec le conducteur qui se tenait assis sur le siége. Nous allions au pas d'une abominable bête à laquelle son maître allongeait par-ci par-là un coup de fouet nonchalant qui pouvait passer moins pour un reproche que pour une caresse.

La *Biche*, c'était son nom, ne se méprenait jamais sur le sens de cet avertissement ; à chaque coup qu'elle recevait sur sa croupe osseuse ou le long de ses flancs taillés en abîmes, le noble animal s'arrêtait court, se prenait à tondre le gazon du sentier, et ne se remettait en marche qu'au gré de sa fantaisie. Ces lentes allures ne me déplaisaient pas ; le temps était beau, le ciel doux et gris ; je m'enivrais à loisir du doux parfum de la terre natale. Il y avait près d'une heure que j'étais plongé dans cette espèce de rêverie qui tient le milieu entre la veille et le sommeil, lorsque j'en fus tiré violemment : c'était la *Biche* qui, au plus bel endroit de la route, venait de nous verser dans un fossé. Je sautai à bas de la carriole, décidé à tancer vertement le conducteur sur sa négligence ; sa confusion me désarma. Il se tenait devant moi, les yeux baissés, le front couvert de honte, silencieux, immobile, et roulant entre ses doigts les larges bords de son chapeau de feutre. C'était un jeune gars qui semblait compter vingt années à peine. Son air humble et doux me toucha.

— Heureusement, lui dis-je, nous en sommes quittes pour la peur ; mais où donc aviez-vous la tête ?

Il leva sur moi deux grands yeux remplis de larmes.

— Allons, ajoutai-je, ce n'est pas un bien grand désastre ; il ne s'agit plus à cette heure que de tirer la carriole du fossé où l'a versée la *Biche*.

Quand la voiture fut d'aplomb sur ses deux roues :

— Tenez, Monsieur, me dit le jeune gars après quelques instants d'hésitation, obligez-moi de prendre mon fouet et ma place, et de continuer tout seul votre chemin. D'ici à Saint-Gabriel il n'y a pas à se tromper, la route est droite comme un peuplier, seulement, au premier carrefour, vous aurez soin de tourner à gauche : quand vous en serez-là, vous apercevrez le clocher du village, et la *Biche*, qui est au fond une bonne bête, s'arrêtera d'elle-même à la porte du meilleur cabaret de l'endroit ; il n'y en a qu'un, c'est celui de mon maître. Si l'on vous demande ce qu'est devenu Sylvain....

Il s'interrompit et je vis deux grosses larmes rouler sur ses joues.

— Eh bien! lui dis-je que répondrai-je?

— Vous répondrez, Monsieur, que pour en finir, Sylvain s'est allé jeter dans la rivière.

A ces mots il fit mine de vouloir s'éloigner pour aller mettre ce beau projet à exécution. Je le retins et j'essayai de combattre une résolution si désespérée.

— Il est probable, lui dis-je en souriant, que ce n'est pas le seul parti qui vous reste à prendre.

— C'est le seul, Monsieur; je n'en ai pas d'autre. Voici trop long-temps que cela dure. Si j'ai attendu jusqu'à présent, c'est que je suis un poltron et un lâche. Hier, j'ai voulu me tirer un coup de pistolet dans la cervelle. J'ai eu peur : je n'ai pas osé. Je suis bien malheureux, Monsieur! je ne crois pas qu'il y ait sur la terre une créature du bon Dieu plus à plaindre que moi.

Il s'était assis sur un tas de pierres, et là le

pauvre diable pleurait, la tête cachée entre ses mains.

Il m'avait l'air d'un honnête garçon. Je m'approchai de lui, et d'une voix affectueuse :

— Voyons, qu'y a-t-il? contez-moi vos chagrins, il n'est pas de maux sans remèdes.

— Il y a, Monsieur, que, depuis huit jours, voici la cinquième fois que je verse. Vous demandez où j'avais la tête : je n'en sais rien. Je ne fais plus que des bêtises. En apprenant que j'ai versé encore aujourd'hui, mon maître me donnera mon congé, c'est aussi sûr qu'il y a un Dieu dans le ciel.

— Mais, lui dis-je, comment le saura-t-il? à moins que vous ne l'en instruisiez vous-même.

— C'est-à-dire, Monsieur, que vous ne me dénoncerez pas. Je vous en suis reconnaissant. Mais, voyez-vous, je recommencerais demain : j'aime mieux en finir tout de suite. D'ailleurs, ajouta-t-il, en se levant d'un air résolu, j'ai assez de la vie et je veux me jeter dans la rivière.

Ce ne fut pas sans peine que je parvins à le calmer et à le faire remonter sur son siége où je me plaçai auprès de lui. Je l'amenai doucement à me conter la cause de son désespoir. Il ne demandait pas mieux que d'en causer.

— Monsieur, me dit-il, c'est toute une histoire. Orphelin, sans fortune, je fus recueilli tout enfant par M. et madame Vaillant, qui m'élevèrent avec leurs deux filles, dont l'aînée avait à peu près mon âge. M. Vaillant tenait alors et tient encore aujourd'hui l'auberge du *Point du Jour*, à Saint-Gabriel. C'est un digne homme; il vaudrait mieux encore, s'il n'était un peu gâté par sa femme, qui ne se croit pas faite pour tenir un cabaret de village : bonne femme d'ailleurs; il ne m'appartient pas d'en parler mal. Je vous disais donc que ces braves gens m'élevèrent avec leurs deux filles : je fus un troisième enfant dans la maison. J'avais mon couvert à la table du maître : le dimanche, j'accompagnais la famille à la messe, et, à la façon dont j'étais vêtu, on m'aurait pu prendre pour le frère de ces demoiselles. Nous étions toujours ensemble. Toutes deux m'aimaient et je les aimais toutes deux : nous grandîmes ainsi sous le même toit. Cependant je n'oubliais pas que je devais tout aux bontés de cette famille; j'essayais de me rendre utile et de gagner le pain que je mangeais. M. Vaillant s'étant avisé d'établir un service de voiture entre Saint-Gabriel et la ville, je lui demandai de m'employer à cette entreprise. Bien que je n'eusse encore que douze ans, mon maître y consentit, et je puis affirmer que, jusqu'à ces derniers temps, il n'eut pas lieu de s'en repentir. Croiriez-vous bien, Monsieur, que je n'avais point mon pareil à vingt lieues à la ronde pour couper un ruisseau, descendre une côte, et tourner tous les mauvais pas d'une route ! Cela vous étonne ; c'est la vérité pourtant. J'étais renommé dans le pays pour mon savoir-faire en ce genre. On s'intéressait à moi, parce que je n'étais qu'un enfant. Mes voyageurs m'aimaient, et plus d'un payait double sa place. Tout est bien changé : je n'ai plus de cœur à rien. Mais alors il fallait me voir sur mon siége, le fouet à la main, fier comme un monarque sur son trône ! La *Biche* avait des ailes, et, de Saint-Gabriel à la ville, nous allions en deux heures, train de poste. Nous revenions plus vite encore ; c'est qu'au retour j'étais sûr de trouver mes deux sœurs qui m'attendaient, tantôt assises sur le revers d'un fossé, tantôt marchant à ma rencontre. Du plus loin que nous nous apercevions, nous agitions nos mouchoirs dans l'air. Quand la voiture était vide, je les y faisais monter toutes deux, et vous jugez de ma joie de pouvoir ainsi ramener en triomphe ces deux jolies filles que j'aimais. Aux jours de grande fête, je les conduisais à la ville, et, avec mes petits bénéfices, je leur achetais des croix, des fichus et des chapelets. Je croyais les aimer toutes deux pareillement; cependant, comme j'étais plus gai avec Marie, la cadette, et que bien souvent je me sentais mal à l'aise auprès d'Hélène, je me disais quelquefois que j'aimais moins Hélène que Marie. Eh bien! voyez quelle chose étrange! un jour je découvris que c'était tout le contraire, et que j'aimais Hélène autrement et plus que sa sœur. Voici comment la chose arriva. Un soir, c'était comme à présent, un soir d'automne, je ne trouvai pas dans le sentier mes deux jeunes filles; j'achevai ma route tristement, sans savoir pourquoi. Mais vous allez bien voir que j'avais raison d'être triste. Après avoir mis ma voiture sous le hangar et la *Biche* à l'écurie, j'entrai au logis, et je m'aperçus tout d'abord qu'il y avait du nouveau dans la maison. Toute la famille était rassemblée dans la chambre de madame Vaillant. Marie et sa mère tenaient le milieu du foyer; à droite, M. le curé de Saint-Gabriel semblait réfléchir, les mains appuyées sur la pomme d'or de sa canne; à gauche, Hélène pleurait en silence. M. Vaillant se promenait de long en large, d'un air agité. Lorsque j'ouvris la porte, je vis tout cela d'un coup d'œil, et j'entendis madame Vaillant qui disait : « Il le faut, il le faut, c'est Dieu qui le veut! » J'allai droit à Hélène; c'était la première fois que je la voyais pleurer ainsi. Je compris tout de suite qu'il s'agissait d'affaire grave, je lui pris les mains, et je lui dis : « Pourquoi pleures-tu? qui t'a fait du mal? Son nom seulement, et j'irai le tuer. — A ces mots, Hélène éclata en sanglots. J'étais tout bouleversé, et c'est à partir de cet instant que je vis clair dans mon pauvre cœur. Je me tournai vers les assistants, et je m'écriai : « Qu'y a-t-il ? pouquoi Hélène pleure-t-elle de la sorte ? » — J'appris enfin ce qui s'était passé pendant ce jour maudit. Dabord, Monsieur, il est bon de vous dire qu'Hélène a de tout temps été une fille extraordinaire. A dix ans, c'était un puits de science. M. Zéphyrin, ami de la maison, ancien maître de danse, retiré à Saint-Gabriel, où il vit de ses rentes, lui prêtait des livres de toutes sortes, de façon qu'à dix ans, grâce à ses dispositions naturelles et à son goût pour la lecture, elle savait plus de choses que bien des gens n'en savent à soixante. Elle parlait d'histoire comme un vrai professeur, connaissait Clovis et Pharamond aussi parfaitement que je connais M. le curé, et vous récitait des fables, le *Loup et l'Agneau*, *Maître corbeau sur un arbre perché*, et un tas d'autres drôleries, que c'était plaisir de l'entendre. Ajoutez à cela qu'elle était belle comme l'aurore. Vous pensez bien, Monsieur, qu'une pareille enfant faisait l'orgueil de sa famille. M. Vaillant s'en frottait les mains et madame en crevait dans sa peau, comme cette grenouille dont sa fille me racontait parfois la malheureuse fin. Vous pensez bien aussi qu'il était question d'Hélène au pays; partout aux alentours on ne s'entretenait que de la merveille du *Point-du-Jour*. C'est ainsi qu'on l'appelait et qu'on l'appelle encore, à cause de notre enseigne. On accourait de toutes parts pour la voir, pour l'entendre et pour l'admirer. Tout cela m'était égal à moi; seulement, comme on répétait sans cesse qu'elle avait tant d'esprit, je m'en effrayais, et je me disais qu'Hélène ne vivrait pas. J'avais raison, Monsieur; elle est morte, morte pour le pauvre Sylvain !

A ces mots, le brave garçon tira son mouchoir de sa poche, essuya ses yeux et reprit en ces termes, après quelques instants de silence :

— Or, il y avait dans les environs une grande dame, une marquise, que le ciel lui pardonne! qui, ayant entendu parler d'Hélène, eut fantaisie de la connaître. On lui mena la jeune fille qui la laissa dans l'enchantement de son esprit et de sa personne. Jusqu'ici tout est bien ; mais voici qu'un jour, ce jour fatal dont je vous parlais tout à l'heure, tandis que j'allongeais gaîment des coups de fouet à la *Biche*, sans me douter du malheur qui me menaçait, voici que la grande dame vint elle-même à Saint-Gabriel, fit arrêter sa calèche devant la porte du *Point-du-Jour*, mit pied à terre et entra sans façon dans l'auberge. M. Vaillant était en train de servir du vin de Saintonge à quatre rouliers attablés. En voyant apparaître dans son établissement un chapeau avec des plumes, une robe de velours, des bijoux, des diamants, des perles fines, le bonhomme, qui n'était pas habitué à de semblables visites, crut que c'était la reine du Pérou qui venait boire à son cabaret. Il faillit tomber à la renverse. Hélène accourut et conduisit sa protectrice dans la chambre de sa mère. Madame la marquise expliqua ce qui l'amenait. Elle dit à madame Vaillant qu'elle avait un trésor de fille et qu'elle serait coupable devant Dieu de laisser enfoui dans l'obscurité de son village le riche présent qu'elle avait reçu du ciel. Elle débita là-dessus une foule de belles phrases qui me furent rapportées plus tard. Enfin elle offrit de se charger d'Hélène et de la placer d'abord à Guéret, dans un pensionnat de jeunes demoiselles. Cela dit, elle se retira laissant, comme vous le pouvez croire, la famille Vaillant dans un grand émoi. On appela M. le curé en consultation : j'arrivai sur les entrefaites. Hélas! Monsieur, j'arrivai pour entendre mon arrêt de mort. Je voulus parler, on me fit taire; Hélène pleurait et refusait de partir; ses larmes furent inutiles. L'orgueil des parents l'emporta. Cependant M. le curé ne soufflait mot; j'essayai de le ranger à mon opinion. Il garda longtemps le silence et j'espérais en lui; mais à son tour il déclara que c'était la volonté de Dieu. La volonté de Dieu fut faite! Huit jours après, Hélène partit pour le chef-lieu du département. La veille de son départ, je la rencontrai dans le jardin. Nous étions seuls. Je m'approchai d'elle et je lui dis d'une voix étouffée et d'un ton de reproche : — Vous partez, vous partez, Mademoiselle! — A ces mots, Hélène fondit en larmes et j'en fis autant. — Ah! s'écria-t-elle, tu veux donc achever de m'abîmer le cœur. — Elle tomba dans mes bras. Je la portai sur un banc de pierre, et là, assis l'un près de l'autre et ses mains dans les miennes, nous nous jurâmes de nous aimer toujours. Elle ôta de son doigt une petite bague que lui avait donnée la marquise, et me força de la prendre comme un gage de sa tendresse. — Moi, lui dis-je, je n'ai rien à te donner, pas même ma vie puisqu'elle t'appartient. — Le lendemain nous nous séparâmes; je ne devais plus la revoir; car ce n'est pas elle que j'ai revue; non, ce n'est point mon Hélène. Malheureux que je suis ! de l'Hélène que j'ai connue, celle que vous allez voir n'a rien gardé que mon amour.

Après avoir essuyé de nouveau ses yeux:

— Son absence dura trois ans, reprit-il. J'employai ce temps à tâcher de me rendre digne d'elle. Je ne voulais pas qu'à son retour elle eût à rougir de mon ignorance. Le soir, après avoir fait la litière à la *Biche*, j'allais chez M. Zéphyrin prendre des leçons d'écriture et de beau style ; puis je rentrais dans ma chambre, et jusqu'à deux heures du matin, bien souvent jusqu'au lever du jour, je lisais les livres qu'Hélène avait laissés et dont je m'étais emparé. Je logeais tout cela pêle-mêle dans ma cervelle ; je ne sais pas comment je n'en suis pas devenu fou. Je ne dormais plus, je ne mangeais plus ; tout mon argent passait en achats de livres. Un jour, j'achetai d'un seul coup toute la boutique d'un colporteur ; il s'y trouvait cent cinquante Almanachs Liégeois et pas un de l'année courante. Tout ce que j'ai lu, Monsieur, ne pourrait se dire ni s'imaginer. Si je ne suis pas un grand savant, c'est que je ne suis qu'un grand imbécille.

— Enfin, m'écriai-je, Hélène revint ?

— D'abord, elle écrivit. Comme j'allais tous les jours à la ville, c'est moi qui prenais les lettres à la poste et qui les rapportais à sa mère, car c'était toujours à sa mère qu'elle écrivait. Quelles lettres, Monsieur ! Quand j'en rapportais une, là, posée sur mon cœur, j'étais léger comme un oiseau. Je chantais tout le long de la route, et je m'arrêtais de temps en temps pour en baiser l'adresse et le cachet. Madame Vaillant les lisait à haute voix, et nous tous, rangés autour d'elle, nous pleurions d'admiration en l'écoutant. Croiriez-vous, qu'une fois, pour la fête de sa mère, elle lui envoya une chanson en vers qu'elle avait composée elle-même et dont chaque couplet était entouré d'une guirlande de petites roses, dessinées de sa propre main? Pour le coup, madame Vaillant et son mari faillirent en mourir de joie et d'orgueil. Des vers! des guirlandes de roses ! tous les talents réunis. On fit venir sur-le-champ M. Zéphyrin qui se connaît en belles choses : on lui communiqua la chanson d'Hélène. Il s'écria que c'était magnifique, promit de composer de la musique sur les paroles et parla d'envoyer le tout à Paris pour le faire imprimer avec le nom et le portrait de mademoiselle Hélène Vaillant en tête. Madame Vaillant embrassa M. Zéphyrin. Moi, cependant, j'étais triste et chagrin. Rien de tout ceci ne m'allait, à franchement parler. Ce soir-là, je me retirai de bonne heure ; je me sauvai dans le jardin et je m'assis sur le banc de pierre, à cette même place où Hélène m'avait donné son anneau. Sans m'expliquer pourquoi, je me pris à pleurer comme une vraie bête. Je restai là une bonne partie de la nuit. Le lendemain, je me dis : — Puisqu'Hélène fait des vers, je veux en faire aussi, — et le jour même je me mis à l'œuvre. D'abord, je suai sang et eau pour trouver ce que M. Zéphyrin appelait des rimes ; à force de chercher, j'en trouvai, et je finis par composer, dans ma tête, une chanson de cinquante couplets que je vais vous dire, Monsieur, si vous voulez bien me le permettre, car je ne serais pas fâché d'en avoir votre sentiment.

— Vous me conterez cela une autre fois, lui dis-je. Enfin, Hélène revint?

— Un soir, je rapportai une lettre qui annonçait sa prochaine arrivée. Son éducation était achevée. A quelques jours de là, elle revint, ramenée par la marquise elle-même, qui voulut jouir de notre surprise à tous. Je m'en souviendrai toute ma vie. C'était un dimanche. En entrant dans le village, je reconnus à la porte du cabaret la calèche de la marquise. Je devine qu'Hélène est de retour. Je saute en bas de mon siége, je renverse tout ce qui gêne mon passage, je monte les marches quatre à quatre, j'ouvre la porte, je me précipite dans la chambre, et qu'est-ce que je vois? non, Monsieur, il n'est pas de parole humaine pour exprimer ce qui se passa dans mon cœur. C'était elle, c'était Hélène! Mais qu'elle était belle, grand Dieu! Je m'arrêtai tout d'un coup, pâle, confus, tremblant, ébloui, anéanti. J'étais là, en blouse, en gros souliers ferrés, le fouet à la main, devant elle, qui me regardait, parée de charmants atours, plus blanche qu'un lis, plus éclatante qu'un soleil! Je compris que je n'étais qu'un gueux et qu'un va-nu-pieds. Je priai Dieu pour que le plancher s'effondrât sous moi. — Eh bien! me dit-elle en souriant, que faites-vous donc là, Sylvain? est-ce que vous ne m'embrassez pas? — Elle me disait *vous*; si, au lieu d'un fouet, j'avais tenu à la main un couteau, je me le serais plongé dans la poitrine. Elle vint à moi et me tendit sa joue, veloutée comme une pêche, que j'osai à peine toucher du bout des lèvres. — Eh bien! mon pauvre Sylvain, ajouta-t-elle toujours en souriant, comment se porte la *Biche*? Je sentis que j'étais perdu. Je me tenais immobile comme une borne, les bras ballants, cloué au parquet. J'essayai de parler, je ne pus. De grosses larmes roulaient sur mes joues; heureusement personne n'y prit garde. Huit jours se passèrent, Monsieur, huit jours, sans qu'il me fût possible d'entretenir mademoiselle Hélène. Un soir enfin, je la trouvai seule dans le jardin. J'étais décidé à lui parler de mon amour, à lui rappeler nos serments et nos souvenirs; mais auparavant, je voulais lui prouver que j'étais moins indigne d'elle qu'elle ne le croyait peut-être. Je m'avisai donc de vouloir causer des lectures que j'avais faites durant son absence, car je m'étais aperçu qu'elle se plaisait à ces sortes de conversations. Je lui parlai des *quatre fils d'Aymon* et demandai ce qu'elle pensait du magicien Maugis. Elle me rit au nez; il paraît que j'avais dit une bêtise. Je tentai de me rattraper sur *Cœlina* ou *l'Enfant du mystère*. — Il y a là-dedans, lui dis-je, un M. Truguelin bien infâme. — Elle rit plus fort. J'étais consterné, ahuri. Enfin je pensai à un livre, le seul qui m'eût véritablement charmé. Je nommai *Paul et Virginie*; elle comprit bien qu'en rappelant les amours de ces deux enfants, je rappelais en même temps les nôtres. Cette fois elle ne rit pas, mais elle m'interrompit au beau milieu d'une phrase, pour me demander si la *Biche* avait toujours un bouquet de poil blanc à la queue. J'eus envie de l'étrangler. — Mademoiselle, lui dis-je enfin, voulez-vous écouter une chanson que j'ai composée pour vous, pendant votre absence. — Comment! s'écria-t-elle, vous composez des chansons, Sylvain! Voyons cela, ce doit être curieux. — Je n'avais pas achevé le premier couplet qu'elle se prit à rire de plus belle, et je n'eus pas le courage d'en chanter plus long. Après qu'elle eut bien ri — A votre tour, Sylvain, me dit-elle, écoutez quelques vers de ma façon. — Et là-dessus, elle me récita de si belles choses que j'en restai foudroyé sur place. Quand je revins à moi, Hélène avait disparu, j'étais seul et tout inondé de mes pleurs. Je me mis à courir, comme un insensé, dans le jardin. Je criais, je sanglotais, je me donnais des coups de poing dans l'estomac, je me roulais, comme un animal sauvage, sur le sable des allées. Marie vint à moi, me prit les mains et voulut me consoler; mais je la repoussai avec colère; je ne sais pas encore ce que j'avais, j'étais fou. A compter de cette soirée, Monsieur, je n'ai pas eu un instant de raison parfaite. Ce que je souffre, vous ne le pourriez pas comprendre. Les damnés souffrent moins en enfer. Vainement je me dis que je ne dois plus aimer mademoiselle Hélène; plus je me dis cela, plus je l'aime. Je passe presque toutes mes nuits à travers champs; le jour, je laisse la *Biche* aller à sa fantaisie; je verse aux plus beaux endroits de la route. Je vous répète que je n'ai plus la tête à moi et je vous affirme, Monsieur, que vous avez eu tort de m'empêcher d'aller me jeter à l'eau ; c'est le seul parti raisonnable qu'il me reste à prendre.

Comme je me préparais à lui offrir les consolations vulgaires qui s'administrent en pareille occurrence :

— Vous n'êtes pas au bout, ajouta Sylvain. Madame la marquise est morte dernièrement. Vous jugez, Monsieur, quel coup pour la famille Vaillant! La marquise est morte sans avoir assuré l'avenir d'Hélène. Que va devenir cette jeune fille? Il est clair que sa place n'est plus dans le cabaret de son père. Déjà on parle sourdement de l'envoyer à Paris : M. Zéphyrin soutient que c'est là que l'attendent la gloire et la fortune. Il paraît que mademoiselle Hélène n'est ni plus ni moins qu'une Muse; M. Zéphyrin assure que c'est la dixième; à ce compte, il y en avait neuf avant elle. Tous les soirs, on se réunit dans la chambre de madame Vaillant, et tandis que, Marie et moi, nous servons en bas la pratique, nous entendons au-dessus de nos têtes Hélène qui lit des vers et l'assemblée qui se pâme en l'écoutant. Pour peu que vous séjourniez à Saint-Gabriel, il vous sera bien aisé, Monsieur, d'assister à une de ces réunions : la curiosité y attire beaucoup de monde, et vous ne pourrez pas être plus agréable à M. Vaillant qu'en le priant de vous mettre à même d'entendre et d'admirer sa fille.

— Une muse ! une muse ! répétai-je à plusieurs reprises, plus étonné que ne le fut Robinson Crusoé en apercevant l'empreinte d'un pas humain sur le sable.

— Oui, Monsieur, une muse ! C'est ainsi que l'appelle M. Zéphyrin, ou bien encore Corinne ou Sapho : à vrai dire, j'aime autant Hélène.

— Une muse, répétai-je encore. Mais, mon garçon, êtes-vous bien sûr de ce que vous dites?

— Comment, Monsieur, si j'en suis sûr? s'écria Sylvain; aussi sûr que du malheur de ma vie. Une muse, une vraie muse, la dixième enfin! Elle a une lyre; je ne l'ai jamais vue, mais elle en parle sans cesse. Elle a aussi un trépied. Où cache-t-elle tout cela? je n'en sais rien; Marie ne le sait pas davantage. L'autre jour, je lui dis : — Mademoiselle Hélène, voulez-vous me montrer votre trépied et votre lyre? Elle me tourna le dos en me disant que j'étais un âne.

Je ne pus m'empêcher de sourire.

— Tenez, Monsieur, ajouta Sylvain, voici le clocher de notre village. Vous allez pouvoir vous assurer par vous-même de la vérité de mes paroles. Allons, hue, la *Biche*!

Et il allongea un bon coup de fouet à la bête

qui, sentant l'écurie, se mit à hennir agréablement et prit un trot tout gaillard qui nous mena, en moins d'un quart d'heure, à la porte du *Point-du-Jour*.

C'était un vaste et triste bâtiment, ouvrant sur la rue, avec cour et jardin sur le derrière. L'enseigne était censée représenter l'aube naissante; c'est un des plus jolis morceaux qui se puissent voir à la porte d'un cabaret. Figurez-vous une étoile d'argent sur un fond de sable, avec un coq au-dessous, qui fait mine de chanter, une patte en l'air, ailes déployées. J'entrai de plain-pied dans une grande salle de rez-de-chaussée spécialement réservée aux buveurs. Dans le fond, à la lueur d'une lampe qui éclairait seule ce taudis, j'aperçus une demi-douzaine de paysans qui jouaient aux cartes sur une table chargée de verres et de bouteilles. Des bottes d'oignons pendaient aux poutres noircies moins par le temps que par la fumée; de méchantes gravures coloriées, représentant le *Juif-Errant*, *l'Empereur Napoléon*, *les Quatre saisons*, *les quatre éléments*, tapissaient les murs autrefois blanchis à la chaux. De grosses mouches volaient lourdement dans une atmosphère de tabac, bourdonnaient à mes oreilles et se heurtaient à mon visage. Il y avait bon feu dans la cheminée, car les soirées étaient déjà fraîches. Une demi-douzaine de chats et de chiens étaient fraternellement couchés pêle-mêle devant le foyer. Je me demandais en réchauffant mes pieds à la flamme, s'il était bien possible, comme l'avait assuré Sylvain, qu'une fleur poétique se fût épanouie dans cet abominable bouge, et qu'il y eût au-dessus de ce repaire un cénacle présidé par une jeune et belle inspirée, de même qu'on voit, sur les toiles des vieux maîtres, les damnés se tordre au fond de l'infernal abîme, tandis qu'au-dessus les anges et les séraphins, flottant dans le céleste azur, chantent Dieu sur des harpes d'or.

Comme je me livrais à ces réflexions, je vis descendre par un escalier de bois qui montait de l'antre au sanctuaire une jeune et jolie fille, proprement vêtue, œil éveillé, bouche souriante, jupon court, pied bien chaussé et jambe fine.

C'était Marie.

Elle me donna un gentil bonjour et s'occupa de mettre elle-même mon couvert, tandis que Sylvain faisait préparer mon souper à la cuisine. De ses mains, ni trop grosses, ni trop rudes, ni trop rouges pour des mains de cabaret, elle étendit sur une table, le plus loin qu'elle put du groupe par trop flamand, une nappe qui exhala tout d'abord une bonne odeur de linge bl...

Elle était leste, remuante, avenante, agaçante, gracieuse en tous ses mouvements; j'avais plaisir à la regarder faire. Je lui dis que je me proposais de passer quelques jours à Saint-Gabriel; elle me promit la plus belle chambre.

— Pour ne pas vous tromper, ajouta-t-elle, la plus belle est encore affreuse; mais le pays est vraiment beau et vaut la peine d'être vu.

— J'y suis né comme vous, lui dis-je.

— A Saint-Gabriel? demanda-t-elle d'un air étonné.

— Non, mais à quelques lieues de là. Si vous jetiez une fleur dans votre rivière, elle passerait le jour même sous mes fenêtres.

— Voilà qui serait commode pour deux amoureux, dit-elle en riant.

Nous étions en train de causer lorsque la porte qui donnait sur la rue s'entr'ouvrit doucement, et je vis glisser un personnage, long et mince, qui s'élança par un jeté-battu au milieu de la salle, me salua les pieds en dehors, prit le menton de Marie qui lui appliqua un soufflet, et s'esquiva par l'escalier, qu'il monta comme un chat que poursuit un boule-dogue irrité.

— C'est M. Zéphyrin, dit Marie.

— Qu'est-ce que M. Zéphyrin? demandai-je, pour faire jaser la jolie fille et pour voir briller ses dents blanches.

— C'est un sot, répondit-elle en haussant les épaules.

— Je jurerais qu'il n'est pas de votre avis, ajoutai-je.

— Malheureusement, il n'est pas le seul. On l'écoute ici comme un oracle. Si l'on m'en croyait, lorsqu'il entre par une porte on le ferait sortir par l'autre, ou mieux encore, sauter par la fenêtre. Allez, Monsieur, il se passe ici de belles choses!

Je l'interrogeai discrètement : mais mon couvert une fois mis, la jolie enfant se retira, après m'avoir dit : Au revoir.

Au dessert, entre la poire et le fromage, je vis apparaître une espèce de Cassandre qui ne pouvait être que M. Vaillant. C'était M. Vaillant en effet, gros et gras et le teint fleuri.

Après avoir échangé avec lui quelques phrases banales, prélude obligé de toute conversation qui s'engage, je le priai de s'asseoir à ma table et de m'aider à finir mon flacon. Lorsqu'il eut vidé son verre :

— Monsieur vient de Paris, dit-il ?

— Oui, Monsieur.

— Paris, la patrie des arts ! Monsieur est commis-voyageur ?

— Non, Monsieur.

— Artiste peut-être ?

— Pas davantage.

— Monsieur visite le pays en amateur ?

— Vous l'avez dit.

— Saint-Gabriel n'a rien de bien curieux.

— Vous calomniez votre maison.

— C'est un pauvre cabaret de village.

— Qui renferme un trésor qu'envie plus d'un palais.

— Quoi, Monsieur, vous sauriez...

— Ce que tout le monde, Monsieur, sait à vingt lieues à la ronde. Vous êtes un heureux père.

— Ah! Monsieur...

— Vous êtes le père d'une muse.

— C'est ce que dit M. Zéphyrin.

— Je n'ai pas voulu quitter le département sans saluer le toit sous lequel votre fille est née.

— C'est trop d'honneur que vous me faites.

— Toute la France y viendra comme moi, en pèlerinage.

— Est-il possible?

— Vous m'en pouvez croire.

Bref, j'amenai M. Vaillant à m'ouvrir lui-même la porte du sanctuaire poétique où je désirais pénétrer.

— Précisément, dit-il, nous avons réuni ce soir quelques personnes pour entendre quelques nouvelles poésies d'Hélène.

— Je serais heureux d'assister à une pareille solennité !

— Nous avons M. Zéphyrin et le brigadier de gendarmerie.

— Je serais fier de m'asseoir entre ces messieurs.

M. Vaillant remonta pour consulter l'assemblée et mettre aux voix ma réception. Au bout de quelques minutes, il revint m'annoncer que j'étais admis à l'unanimité.

— Seulement, ajouta le bonhomme, notre jeune muse vous recommande l'indulgence.

Je me retirai dans ma chambre pour faire un peu de toilette, et sur le coup de huit heures, précédé de M. Vaillant, et suivi de

Sylvain qui poussait des soupirs à fendre un cœur de roc, je montai lentement les marches du Parnasse.

II

Je n'ai jamais aimé, j'ai toujours évité ces soirées poétiques et littéraires auxquelles la muse, coiffée d'un ruban, comme Corinne au cap de Mysène, convie un public d'amis pour l'entendre et pour l'admirer. Mais à cent lieues de Paris, dans un cabaret rustique, j'avoue qu'une solennité de ce genre me piquait au vif et m'intéressait au possible. Et puis, ce que je savais des amours du malheureux Sylvain ajoutait un attrait de plus à la chose.

A peine entré, voici ce qui frappa ma vue :

Une vaste chambre aux murs blancs et nus ; dans le fond, Marie assise sur un escabeau, la bouche à demi-souriante, l'œil à tout, l'air un peu goguenard ; au milieu, une table couverte d'un mauvais châle en manière de tapis, chargée de plumes, de livres et de papiers, devant laquelle se tenait une jeune fille, Hélène à coup sûr, absorbée dans la recherche d'une rime ou d'un hémistiche ; autour du foyer, madame Vaillant, costume demi-paysan, demi-bourgeois, moitié ville et moitié village ; M. Zéphyrin, pantalon collant gris de perle, gilet jaune à larges revers, col de chemise montant jusqu'aux oreilles, cravate à la Colin, habit bleu, boutons de métal, breloques chatoyant sur le ventre ; le brigadier de gendarmerie, grand uniforme ; enfin deux autres personnages que j'appris être, l'un, l'instituteur de l'école primaire ; l'autre, le médecin de la commune.

Lorsque j'entrai, tout le monde se leva.

J'allai d'abord à madame Vaillant, que je saluai avec tout le respect dû à la mère d'une muse ; puis, après m'être incliné devant l'héroïne du lieu, je me glissai près de M. Zéphyrin et pris place sur un siége vide qui m'attendait à côté de lui.

Sylvain s'était assis près de Marie, M. Vaillant près de son épouse.

Il se fit un silence de quelques minutes durant lequel je pus observer la muse, à la lueur de deux chandelles qui brûlaient sur la table.

Quoique vêtue avec une prétentieuse élégance, elle me sembla ne manquer ni de grâce, ni d'un certain charme. Elle avait le front net et pur, le regard à la fois doux et fier ; sa bouche était rose et sérieuse : ses cheveux blonds, naturellement bouclés, tombaient à profusion sur son cou et sur ses épaules. Elle m'apparut comme un joli oiseau des tropiques enfermé dans une cage avec des oisons. J'en excepte pourtant Marie et mon pauvre Sylvain.

Ce fut M. Zéphyrin qui rompit le premier le silence.

Il appuya familièrement sa main sur mon épaule, et d'un air avantageux :

— Monsieur est amateur? me dit-il.

— Amateur de quoi? demandai-je.

— Cela s'entend que de reste, reprit-il avec un fin sourire; amateur de beaux vers.

— En effet, Monsieur, j'aime les beaux vers.

— En ce cas, Monsieur ne pouvait mieux tomber... dit à côté de moi une voix rauque et caverneuse.

A ces mots, je me retournai brusquement vers le personnage qui venait de les prononcer et me trouvai face à face avec la plus horrible figure de gendarme que j'eusse encore vue de ma vie. A cet aspect, toujours effrayant alors même qu'on a la conscience la plus pure et la plus paisible, je cherchai machinalement dans ma poche pour m'assurer que j'étais en règle et que j'avais mon passeport.

— Monsieur est connaisseur ? ajouta M. Zéphyrin.

— Cela va sans dire, s'écria M. Vaillant, puisque Monsieur vient de Paris.

Je vis M. Zéphyrin et le brigadier échanger un regard narquois, tandis que, de leur côté, l'instituteur et le médecin s'entretenaient à voix basse en m'observant à la dérobée.

Madame Vaillant prit la parole :

— Hélène a reçu aujourd'hui, dit-elle, une lettre de M..... (Elle nomma un des plus grands poètes, sinon le plus grand de notre époque), en réponse à une pièce de vers qu'elle lui avait envoyée. Nos amis ne verront pas sans plaisir quel cas on fait d'Hélène dans la capitale.

Après avoir passé par toutes les mains, cette lettre arriva jusqu'à moi. C'était bien, en effet, une lettre de notre grand poëte; c'était bien à Hélène qu'elle s'adressait. M..... y remerciait la jeune fille des vers *enchanteurs* qu'il venait de lire, et regrettait qu'un si beau talent se consumât dans les bas-fonds de la province.

— Venez à Paris, disait-il en terminant; c'est là seulement que votre génie pourra déployer librement ses ailes. L'alouette cache son nid dans les sillons; l'aigle plane sur la montagne.

— C'est admirable! s'écria M. Zéphyrin : l'alouette cache son nid dans les sillons, l'aigle plane sur la montagne! Je n'ai jamais dit autre chose.

— C'est une lettre en vers? dit le gendarme.
— En vers blancs, fit observer M. Zéphyrin.

— En vers blancs! s'écria M. Vaillant; il y a donc des vers de couleur?

— Messieurs, dit Hélène en s'approchant de nous, c'est une lettre en prose poétique.

— C'est ce que j'avais l'honneur de dire à ces messieurs, répliqua M. Zéphyrin; des vers blancs ou de la prose poétique, c'est absolument la même chose.

— Pas précisément, dit Hélène en souriant.

— Des vers blancs! répétait M. Vaillant qui ne revenait pas de sa surprise.

J'étais impatient d'entendre chanter la muse.

— Hier, dit-elle, comme l'astre du jour s'éteignait derrière les bois, à demi dépouillés par l'automne, tandis qu'à l'horizon opposé la lune allumait silencieusement sa lampe d'albâtre, et que le ciel commençait d'entr'ouvrir ses riches écrins...

— C'est admirable! s'écria M. Zéphyrin;

tout cela pour dire qu'il était sept heures du soir !

— Est-ce des vers? demanda le brigadier.

— Pas encore, répondit M. Zéphyrin ; elle accorde sa lyre.

A ce dernier mot, je vis Sylvain et Marie se lever sur la pointe de leurs pieds, et allonger le cou pour tâcher d'apercevoir enfin cette lyre fantastique qui, depuis quelques semaines, faisait le désespoir de leur curiosité.

— J'allais triste et rêveuse, reprit la jeune fille, écoutant le bruit mélancolique des feuilles desséchées que je traînais sous mes pieds, et que chassaient devant moi les brises automnales. L'angelus tintait à l'église du village ; les ombres descendaient dans la vallée. Déjà le manteau de la nuit était tout saupoudré d'étoiles. J'allais rêveuse et triste, quand tout d'un coup mon âme résonna comme une harpe éolienne et mêla un hymne d'amour aux mystérieux concerts de la nature. J'en ai retenu quelques strophes, et je vais vous les dire.

— Ecoutons l'hymne ! s'écrièrent à la fois tous les membres de l'assemblée.

La jeune fille se tenait debout, les mains appuyées sur le dos d'une chaise, l'air inspiré, les yeux au ciel. Après être restée quelques instants ainsi, elle récita, d'une voix lente et grave, une douzaine de strophes qui excitèrent un enthousiasme que je ne chercherai même pas à décrire.

C'étaient, à vrai dire, des vers assez proprement tournés, sans originalité, sans pensées, vides, sonores et ronflants comme une toupie d'Allemagne. Il y courait toutefois un petit souffle frais et poétique, et çà et là, à travers un fouillis d'ambitieuses métaphores, apparaissaient quelques images gracieuses, violettes et fleurs des champs écloses dans un parterre de pivoines. C'étaient de ces vers comme il s'en fait à Paris par milliers. Dans un salon, nul n'y prendrait garde; dans un cabaret de village cela devient aussitôt merveilleux, et moi-même, un instant, je fus tenté de crier au prodige.

Lorsque Hélène eut achevé, madame Vaillant la prit dans ses bras et la couvrit de larmes et de baisers en s'écriant :

— Tu seras la gloire de ta famille !

M. Vaillant sanglotait d'admiration, Sylvain pleurait dans son coin. Marie avait plus que jamais son air éveillé et goguenard. Sur ces entrefaites, des voix de rouliers qui demandaient à boire, ayant retenti au-dessous du sanctuaire, Sylvain et Marie se levèrent aussitôt, et j'entendis la jeune fille qui riait à gorge déployée en descendant les marches de l'escalier.

— Eh bien ! Monsieur, qu'en dites-vous ?

s'écria M. Zéphyrin en me frappant assez rudement sur l'épaule.

— Je dis, Monsieur, que voilà de beaux vers, à coup sûr.

— Je le crois, par Dieu, bien! s'écria le brigadier; je voudrais voir qu'on s'avisât de dire le contraire.

— Ce n'est pas seulement beau, ajouta le maître d'école, j'ose croire qu'on peut affirmer sans crainte que c'est très beau.

— Ayons le courage de l'avouer, s'écria le médecin, c'est excessivement beau!

Je souffrais de voir brûler un encens si grossier aux pieds de cette pauvre enfant, dont le visage rayonnait de satisfaction et d'orgueil. Je la suppliai de ne s'en point tenir là, et de nous dire encore quelques vers. Hélène ne se fit pas longtemps prier. Elle reprit sa position de belle inspirée, et débita, avec un imperturbable aplomb, une demi-douzaine d'élégies, faibles échos, copies effacées des grands maîtres. A parler franc, c'était toujours la même chose : les étoiles, la lune, le soleil, les ombrages, les bocages, les clairs ruisseaux, le murmure des vents, les soupirs de l'onde, les barques glissant sur les lacs, la brise du matin et la brise du soir, le gazouillement des oiseaux sous la ramée, les joies du printemps, les mélancolies de l'automne ; il me semblait entendre le perroquet du chantre de Jocelyn.

Sur le coup de dix heures, la société se retira, et comme j'étais un peu de la maison, je demeurai seul avec la famille. J'allai me placer près d'Hélène et m'amusai à la faire causer. Malgré le ridicule de ses prétentions, elle me parut une bonne fille, égarée par la vanité de ses parents et par la sottise de son entourage. Je la priai de me raconter comment le génie poétique s'était révélé en elle. Elle me dit, ce que j'avais deviné en l'écoutant, qu'elle s'était sentie poète en lisant les *Méditations* de M. de Lamartine.

— Comme La Fontaine, ajoutai-je, en entendant une ode de Malherbe.

En voyant que j'avais un peu de littérature, la famille me témoigna quelque confiance et quelque considération. On me montra plusieurs glorieux suffrages qu'avait reçus la jeune muse, entre autres une lettre du préfet de Guéret, qui déclarait tout net qu'Hélène serait un jour l'honneur et la gloire de son département. Madame Vaillant me donna à entendre qu'elle-même n'était pas née pour tenir une auberge; elle était fille d'huissier, son père avait eu des malheurs.

Elle en arriva bientôt à me confier ses projets et ses espérances concernant Hélène. Elle était décidée à laisser là l'auberge de Saint-Gabriel pour conduire sa fille à Paris.

— Cela nous obligera à de grands sacrifices,

dit-elle mais du moins je n'aurai pas à me reprocher d'avoir mis la lumière sous le boisseau, ainsi que M. le préfet nous l'écrivait encore l'autre jour. D'ailleurs le beau talent d'Hélène rendra au centuple ce qu'on aura fait pour le produire. Ce n'est pas seulement la gloire qui l'attend à Paris, c'est aussi la fortune.

En parlant ainsi, cette pauvre femme me fendait le cœur.

— Nous vendrons notre pré, dit M. Vaillant, nos deux champs de blé noir et nos six arpents de colza.

— Je vous rendrai un château, mon père! s'écria la jeune fille en sautant sur les genoux du bonhomme ; j'ai deux volumes de vers : *les Églantines et les Cris de l'âme*.

— C'est de l'or en barre, dit M. Vaillant en la baisant au front.

— Que pensez-vous Monsieur, de nos projets? me demanda la mère d'Hélène.

Je n'eus pas le courage de souffler sur les rêves de ces braves gens ; je répondis que j'avais l'intention de rester quelques jours à Saint-Gabriel, et que nous en reparlerions.

Je fus obligé, pour gagner ma chambre, de descendre l'escalier de bois et de passer par la salle des buveurs. J'y retrouvai Sylvain et Marie : l'un était assis sous le manteau de la cheminée, la tête entre ses mains, les pieds sur les chenets, dans une attitude affaissée ; l'autre s'occupait gaîment des soins du ménage. Elle allait, venait, mettait tout en ordre, avec la plus belle humeur du monde.

Aussitôt que Marie m'aperçut :

— Eh bien ! qu'en pensez-vous ? s'écriat-elle : convenez qu'ils sont tous fous, là-haut.

Et sans me laisser le temps de répondre :

— Moi, s'écria-t-elle, j'aime mieux la chanson de mon pays!

Et d'une voix fraîche et joyeuse, elle chanta ce couplet, qui m'est resté dans la mémoire :

> L'oiseau qui, sur la branche,
> Le jour et la nuit chante,
> N'a pas si grande ardeur
> Que moi, la belle, dans le cœur.

Elle s'approcha de Sylvain qui n'avait pas changé d'attitude, et, après l'avoir contemplé quelques instants d'un air attendri :

— Allons, que fais-tu là, grand imbécile? s'écria-t-elle en riant; prends une chandelle et conduis Monsieur à sa chambre.

Sylvain se leva, me regarda d'un air hébété, prit un flambeau sans mot dire et m'accompagna en silence.

Après avoir fermé ma fenêtre et tiré mes rideaux :

— Eh bien! Monsieur, me dit-il d'un ton

lugubre, n'aurais-je pas bien fait de me jeter dans la rivière ?

— Demandez cela à Marie, lui dis-je, vous verrez ce qu'elle vous répond.

—Ah ! s'écria-t-il en se frappant le front, il n'y a qu'une femme au monde... Pour vous, Monsieur, vous aurez à vous reprocher toute votre vie de m'avoir empêché de me jeter à l'eau. Heureusement la Creuse n'est pas loin, ajouta-t-il d'un air sombre.

— N'oubliez pas, lui dis-je en souriant, que Marie est plus près encore.

Je dormis peu ou point ; les rats me firent, durant toute la nuit, un sabbat infernal. Vers le matin, comme je commençais à m'assoupir, je fus réveillé en sursaut par Sylvain qui attelait la *Biche*. Le jour se levait, j'en fis autant et m'allai promener dans le jardin où je ne tardai pas à voir arriver Hélène. Elle était simplement vêtue, partant plus jolie que la veille.

La muse vint à moi sans façon et me salua d'un ton familier, avec un petit air protecteur qui me fit sourire et ne me déplut point. Elle était vraiment fort gentille, surtout lorsqu'elle oubliait ses neuf sœurs.

Le jardin avait une porte qui donnait en pleine campagne. Sans y songer et tout en causant, j'ouvris cette porte et nous gagnâmes, à travers champs, les rives de la Creuse, très pittoresques en cet endroit du pays. Hélène marchait, son bras appuyé sur le mien ; nous étions de vieux amis. Elle me parlait de Paris, patrie de ses rêves ; elle voyait déjà la gloire qui lui tendait les bras et lui jetait des fleurs.

— Quoi ! m'écriai-je, vous voulez quitter ce pays charmant qui vous a vue naître ?

— Mes chants l'immortaliseront, me dit-elle ; je veux qu'un jour la Creuse n'ait rien à envier aux bords de l'Anio, aux rochers de Vaucluse.

— Vous voulez échanger, contre le bruit, la lutte et la tourmente, le doux silence et le frais repos des campagnes?

— Je veux obéir à ma destinée. Notre grand poëte me l'a dit à moi-même : l'alouette cache son nid dans les blés; à l'aigle, d'autres horizons.

A ces mots, la vérité s'échappa de mon sein. Par un brusque mouvement de pitié, je saisis les mains d'Hélène entre les miennes et je m'écriai :

— On vous trompe, Mademoiselle, on vous égare, on vous perdra, si vous n'y prenez garde!

Elle me regarda avec un étonnement naïf.

— Qui donc me trompe? qui m'égare? qui veut me perdre? demanda-t-elle en souriant.

— Écoutez-moi, Mademoiselle, lui dis-je avec calme, après l'avoir fait asseoir à côté de moi, sur un rocher du rivage; c'est une histoire que je veux vous conter, une histoire vraie, une histoire toute récente. Je serai bref. Voici vingt ans au plus, une jeune fille vivait avec sa mère sous le ciel de Bretagne; gracieuse comme vous, comme vous elle était poète. Un jour, attirée par les séductions de la gloire, sollicitée par les poètes en renom qui lui écrivaient comme ils vous écrivent, elle quitta sa ville natale, comme vous voulez quitter le village où vous êtes née, pour aller cueillir, à Paris, les palmes qu'on lui promettait. Savez-vous ce qu'elle y trouva? la misère. Elle est morte sur un grabat.

— Vous me contez des histoires de l'autre monde, dit Hélène d'un ton boudeur; nous n'en sommes plus à Gilbert.

—Hier, un grand poète, car c'était un grand poète, celui-là, est mort à l'hôpital ; et, de tous ceux qui s'indignent de son trépas, courtisans effrontés du cercueil qui les accuse, il n'en est pas un qui se soit préoccupé de sa vie, pas un qui ait tendu la main à sa pauvreté, pas un qui l'ait assisté à son heure suprême.

— Vous voulez rire, me dit-elle.

— Bien au contraire, m'écriai-je, j'ai plutôt envie de pleurer.

Je partis de là pour l'entretenir de la vie littéraire qu'elle voulait follement aborder. Je lui en indiquai froidement tous les rescifs et les écueils. J'essayai de lui démontrer qu'elle s'abusait en toutes choses; je fus dur et impitoyable.

—Oui, vous vous abusez, lui disais-je. Parce qu'on a quelque facilité dans l'esprit, quelque grâce dans l'imagination, quelque sentiment élevé des harmonies de la nature, il ne s'en suit pas nécessairement qu'on soit poète et marqué au front par le doigt de Dieu. Combien j'en ai vu partir pleins d'émoi et la tête haute, qui sont retournés au gîte mornes et le front baissé!

On part et on arrive; mais les branches qui de loin semblaient s'abaisser pour nous offrir leurs fruits et leurs fleurs, se relèvent brusquement; les sentiers qui nous avaient paru sablés et mollement inclinés sont escarpés et glissants; les mains amies qui nous invitaient se retirent; l'avenir nous trahit, la gloire nous échappe; heureux encore quand notre génie ne crie pas la misère et la faim!

Je ne m'en tins pas aux poétiques images; je lui montrai à nu la destinée qui l'attendait loin de son village. Je cherchai à l'apitoyer sur les sacrifices qu'allait s'imposer sa famille. Je lui fis entendre sans ménagement le langage austère de la probité. Je lui dis enfin tout ce qu'il est possible de dire à une pauvre fille qu'on voit prête à s'aventurer sur cette mer orageuse qui a déjà englouti tant de pâles victimes. Mais, à tout ce que je lui disais, elle ne répondait que par ces mots : — Vous voulez rire? — ou bien : — Qu'en savez-vous? — Et toujours elle finissait par m'opposer la lettre du grand poète qu'elle avait reçue la veille.

— Mais, ma chère enfant, m'écriai-je, vous ignorez donc que nos grands poètes écrivent de pareilles sornettes à tous les petits poètes de hasard qui leur adressent de méchants vers. Cette lettre, votre joie, votre orgueil, court depuis longtemps la province.

— Peut-être en avez-vous une édition dans votre poche? dit Hélène d'un ton railleur.

— *Chi lo sa?* répondis-je en souriant.

Hélène se leva, et nous reprîmes le sentier du hameau. Chemin faisant, je tentai une fois encore d'ébranler sa résolution; je me crus un instant près d'y réussir.

—Non! s'écria-t-elle tout d'un coup, comme se parlant à elle-même.

Puis, s'adressant à moi :

—D'ailleurs, que voulez-vous que je devienne? Pensez-vous que ma vie doive s'écouler dans le cabaret de mon père?

— A Dieu ne plaise! répliquai-je; mais je crois avoir entendu dire à votre mère qu'on vous offrait une place de sous-maîtresse dans le pensionnat où vous avez été élevée : ce pourrait être pour vous un avenir.

Hélène haussa les épaules, et tout fut dit.

Le lendemain, au soleil levant, après avoir dit adieu à Sylvain et lui avoir conseillé de se guérir de son amour, j'enfourchai un cheval de louage et quittai Saint-Gabriel pour remonter la Creuse jusqu'à sa source. Lorsqu'au bout de six semaines, je repassai par le village, je descendis *au Point du Jour,* où j'appris qu'Hélène et sa mère étaient parties pour Paris quelques jours auparavant. On n'avait pas encore de leurs nouvelles. Je trouvai le bon homme Vaillant un peu chagrin du départ de sa femme et de sa fille, mais plein d'espoir dans l'avenir glorieux de la muse. Marie me sembla moins rieuse que d'habitude; c'est qu'elle ne partageait pas l'aveuglement de son vieux père.

— Ce n'est plus drôle, Monsieur, me dit-elle en essuyant ses yeux avec le coin de son tablier. Les voici parties! Dieu sait ce qu'elles vont devenir. Deux pauvres femmes toutes seules, là-bas, dans cette grande ville! Je sais bien qu'Hélène a sa lyre, mais j'aimerais mieux lui voir un bon mari. Qui pourrait dire, Monsieur, comment cela finira? En attendant, mon père a vendu son pré, ses champs de blé, ses arpents de colza. J'ai bien peur que toute la fortune n'y passe; nous serons mangés aux vers.

A ces derniers mots, elle partit d'un grand éclat de rire, et je me pris à rire avec elle.

— C'est égal, Monsieur, ajouta-t-elle en riant et pleurant à la fois comme une journée d'avril, tout ceci est bien triste et bien déplorable. Il faut voir ce pauvre Sylvain ! il a perdu le boire et le manger, et ne se nourrit plus que de ses larmes ; aussi est-il jaune comme une jonquille et maigre comme un hareng saur.

— Sylvain, lui dis-je, est un sot ; voici longtemps qu'à sa place je serais consolé.

Elle comprit, rougit et s'esquiva.

Le soir ramena Sylvain au logis. Il est très vrai qu'il faisait peine à voir. Le pauvre diable n'avait que les os et la peau. Il venait de verser trois voyageurs, dont l'un se plaignait de fortes contusions à la tête et menaçait de le rouer de coups. En apprenant ce nouveau désastre, M. Vaillant s'emporta et fit mine de vouloir jeter Sylvain à la porte. Nous intercédâmes, Marie et moi, pour le coupable. Quant à lui, il paraissait ne se soucier de rien. Marie lui servit son souper ; il n'y toucha que du bout des dents. Le même soir, il vint me trouver dans ma chambre et me demanda conseil sur le parti qui lui restait à prendre. Il pensait sérieusement à partir pour Paris, et à s'y faire, en vue d'Hélène, une position dans les lettres.

— Vous êtes un nigaud, lui dis-je. Le seul conseil que j'aie à vous donner, c'est de ne plus verser vos voyageurs, d'engraisser un peu et de vous mettre à même d'épouser, dans six mois, une jeune et jolie fille qui vous aime.

— Elle m'aime, Monsieur ! en êtes-vous bien sûr ?

— Aussi sûr que de mon existence.

— Elle vous l'a dit ?

— Si elle me l'avait dit, j'en serais moins sûr et n'en répondrais pas.

— Elle m'aime !

— Vous m'en pouvez croire.

— Et dans six mois elle viendra pour m'épouser ?

— De qui parlez-vous ?

— D'elle.

— De qui?

— D'Hélène.

— Que le diable vous emporte! m'écriai-je avec humeur; soufflez ma chandelle et laissez-moi dormir.

De retour à Paris, j'entendis parler, sur la fin de l'hiver, d'une poétique merveille que s'arrachaient tous les salons. Il s'agissait de la muse de Saint-Gabriel. Un jour, à la quatrième page d'un journal, je vis annoncés, comme devant paraître très prochainement, *les Églantines et les Cris de l'âme*, deux recueils de poésie, par mademoiselle Hélène Vaillant.

A quelque temps de là, on touchait alors aux premières journées d'avril, comme je flânais sur le boulevart, par un de ces doux soleils qui font, pour ainsi dire, pousser et fleurir les jolies femmes sur le pavé de Paris, je rencontrai Hélène suspendue au bras de sa mère. Quoique vêtue avec une certaine élégance, madame Vaillant sentait un peu l'étude de feu son père et l'auberge de son mari ; quant à la fille, elle était fraîche et riante comme le printemps. Une capote de satin blanc encadrait son joli visage, et de son pied léger, coquettement chaussé d'un brodequin de coutil gris, elle trottait sur l'asphalte comme une bergeronnette sur le sable fin de la Creuse. Elle répondit à mon salut par un gracieux sourire et par un geste amical. Nous échangeâmes à peine quelques paroles, mais elle m'invita à l'aller voir et me laissa son adresse.

Je ne lui fis pas longtemps attendre le petit triomphe que ma visite promettait à son amour-propre. J'allai la voir le lendemain.

Hélène habitait avec sa mère un joli appartement de la rue Blanche. Elle me reçut dans une espèce de boudoir qu'elle appelait son cabinet de travail ; véritable sanctuaire qui n'avait rien de commun avec celui du *Point du Jour*. Hélène était seule ; en sa qualité de muse, elle jouissait d'une liberté que n'ont pas généralement les jeunes filles élevées en simples mortelles. Il en est de la poésie comme du mariage ; elle émancipe les mineures. Elle avait une prétentieuse robe de chambre qu'une torsade de soie serrait autour de sa taille ; ses petits pieds dansaient dans des babouches turques, présent, me dit-elle, d'un grand poète qui les avait rapportées d'Orient. Elle me fit asseoir auprès d'elle et se prit, tout en causant, à rouler une pincée de blond maryland dans un mince papier d'Espagne. A tout prendre, ce n'était pas une mauvaise fille. Elle me parla tout d'abord et sans embarras du cabaret où je l'avais rencontrée pour la première fois, de on père, de sa sœur et du pauvre Sylvain ; elle-même me rappela en riant l'étrange soirée à laquelle j'avais assisté, M. Zéphyrin, le brigadier de gendarmerie, le maître d'école et le médecin du village. Il ne fut pas question de notre entretien sur le bord de la Creuse ; mais elle se donna la satisfaction de m'accabler de ses succès, de sa gloire et de ses félicités littéraires. Tout lui souriait, tout lui faisait fête ; sa vie n'était qu'un enchantement. Sur la rive gauche et sur la rive droite de la Seine, les salons les plus en renom se disputaient la jeune muse. La veille, elle avait dit des vers chez madame de...; le lendemain, elle devait en dire chez M. de... Elle en échangeait fréquemment avec les plus illustres poètes de l'époque. Les directeurs de journaux grattaient tous les matins à sa porte. Madame Pauline Duchambge, tendre cœur, charmant esprit, était à ses genoux pour obtenir les paroles d'une romance. Elle me montra un porte-crayon d'or que lui avait envoyé la reine Amélie. Ses *Églantines* et ses *Cris de l'Ame* allaient paraître; il est vrai qu'elle avait donné trois mille francs à son éditeur; mais elle comptait bien sur le produit de la vente pour couvrir ses frais et s'enrichir pardessus le marché. Elle alluma sa cigarette à la flamme d'une bougie et se penchant sur un coussin :

— Mon sort vous semble digne d'envie, dit-elle. Eh bien! le monde m'ennuie, la gloire m'importune. Il est au fond de l'âme humaine un vide que rien ne saurait combler. J'en causais hier avec M. de Lamartine. Pour moi, je n'ai plus qu'une ambition, acheter un petit château dans les environs de Paris et m'y retirer avec ma famille. J'espère bien ne pas mourir sans avoir réalisé ce rêve.

Je la félicitai de mon mieux, et me retirai le cœur plein de tristesse.

Je restai deux ans sans la revoir. *Les Églantines et les Cris de l'Ame* parurent; il s'en vendit sept exemplaires. Avant leur publication, on s'en était occupé dans un certain monde; une fois publiés il n'en fut plus question. Depuis longtemps déjà je n'entendais plus parler d'Hélène. Un soir d'automne, je la rencontrai seule dans une allée du Luxembourg. Elle était pâle, amaigrie et vêtue de noir. Elle parut embarrassée en me voyant. Je l'interrogeai avec intérêt; elle m'apprit que son père était mort, et que, sous peu de mois, Marie devait épouser Sylvain.

— Par quel hasard, lui demandai-je, vous êtes-vous aventurée seule, à cette heure, si loin de votre quartier?

Elle me répondit qu'elle avait quitté la rue Blanche pour venir habiter la rue d'Enfer. Je l'accompagnai jusqu'à sa porte. Elle m'offrit de monter, j'acceptai étourdiment.

— Je crains, me dit-elle, que vous ne trouviez un appartement bien en désordre. Ma mère est un peu souffrante.

— Je serai heureux, répliquai-je, de lui présenter mes hommages.

Elle n'insista plus et je la suivis, sans songer que j'allais, cette fois, l'humilier dans son amour-propre, autant que je l'avais flattée, il y avait de cela deux ans. Je ne sentis ma sottise qu'en entrant dans un appartement triste et froid, que n'égayait jamais le soleil. Ce n'était pas encore la pauvreté, ce n'était déjà plus l'aisance. Madame Vaillant me sembla singulièrement vieillie et affaissée. J'observai Hélène : qu'il y avait loin de cette figure chargée d'ennuis, à celle que j'avais vue, deux ans auparavant, rayonnante de bonheur, d'orgueil et de jeunesse !

— Vous voyez, me dit-elle, nous avons quitté le Paris bruyant, ce quartier-ci nous plaît davantage ; silencieux, solitaire, plus propice aux saintes études, c'est la patrie des poètes rêveurs. Nous avons, sous nos fenêtres, les ombrages du Luxembourg ; cela nous rappelle un peu nos chères campagnes. Au printemps, le vent nous apportera le parfum des lilas en fleurs.

Elle essaya de faire ce qu'on est convenu d'appeler contre mauvaise fortune bon cœur ; elle y réussit mal. A son insu, un peu d'amertume se mêlait à toutes ses paroles. Elle ne se plaignait pas, mais je crus entrevoir qu'elle avait éprouvé des mécomptes de tout genre. Elle me cacha l'histoire de ses désenchantements ; mais cette histoire, je la savais déjà, j'aurais pu la raconter moi-même. Elle avait, durant six semaines, défrayé la curiosité des salons ; on l'avait prise comme un jeu ; puis, après s'en être un instant amusé, on l'avait jetée là comme un chapeau fané. La muse seule lui était demeurée fidèle. Hélène avait refusé de s'abaisser jusqu'à la prose ; elle achevait un poëme épique. Toutefois, elle avait singulièrement rabattu de ses ambitions; elle ne demandait plus qu'une jolie petite maison tapie, comme un nid, sous les saules, sur le bord de quelque ruisseau.

— Pauvre enfant! pensais-je, tu seras bien heureuse un jour de te retirer dans le cabaret de tes pères!

Je retournai souvent la voir. J'avais boudé son éphémère royauté; je me fis le flatteur assidu de sa déchéance. Hélas! je vis ces deux pauvres femmes glisser peu à peu et tomber dans le gouffre de la misère. Il ne restait plus rien du pré, des champs de sarrasin et des six arpents de colza. Tout était dévoré; pourtant il fallait vivre. Grâce aux sollicitations du grand poète qui l'avait attirée à Paris, comme la lumière attire les phalènes pour leur brûler les ailes, Hélène avait obtenu du gouvernement une pension de cinq cents livres; c'était là le plus clair et le plus net de son avoir. Elle se consolait en songeant à Chatterton. Mais son estomac s'accommodait moins volontiers que son amour-propre, de cette fiche de consolation. Son poëme épique achevé, il ne se trouva personne qui en voulût. Pour ne rien dissimuler, c'était ennuyeux comme la peste ou comme un poëme épique. Une heure vint où la faim cria plus fort et plus haut que l'orgueil. Hélène en arriva à écrire des compliments en vers pour les fêtes de famille, des charades, des logogriphes, des devises pour les confiseurs. Je fus assez heureux pour pouvoir lui procurer quelque ouvrage; mais, quoiqu'elle pût faire, elle était loin de suffire aux besoins de chaque jour. Cependant, l'orgueil la soutenait encore. M'étant avisé de lui conseiller le retour à Saint-Gabriel, elle me répondit qu'elle aimerait mieux mourir sur la paille.

— Y songez-vous? lui dis-je; votre mère est déjà bien souffrante.

Ses yeux se remplirent de larmes; elle ne répondit pas.

Un jour, madame Vaillant me prit à part, et me dit :

— Je vois bien qu'on nous a trompées, nous avons fait une folie; on ne sait pas ce que je souffre. Que devenir? Le plus sage serait de retourner à Saint-Gabriel. Sylvain et Marie nous y recevraient à bras ouverts; mais Hélène n'y consentira jamais. Elle est fière; elle ne voudra pas s'exposer à rougir vis-à-vis de Sylvain, de sa sœur et de tous nos amis.

Je revins à la charge auprès d'Hélène, mais sans plus de succès que devant.

— Vous vous exagérez me dit-elle, le malheur de notre position. Sans doute ce n'est pas ce que j'avais rêvé; mais nous sommes moins à plaindre que vous ne l'imaginez peut-être. D'ailleurs la lutte est féconde et ne déplaît pas au génie. Ce n'est point dans la tiède atmosphère de la prospérité que s'accomplissent les grandes œuvres.

La malheureuse enfant en était encore là. Je me retirai consterné.

Cependant Sylvain avait épousé Marie. Ces jeunes gens ne se doutaient guère de ce qui se passait à Paris. A l'insu d'Hélène et de madame Vaillant, je pris le parti d'écrire à Sylvain toute la vérité. Le brave garçon ne répondit pas; il arriva, les poches pleines de bons écus sonnants. Qu'on juge de sa surprise et de son désespoir en voyant par lui-même toute l'étendue du désastre! Il embrassa la mère et la fille, et versa ses écus sur la table. Puis, s'adressant à Hélène :

— Tenez, dit-il, je vous ai rapporté cet anneau que vous avez oublié dans votre chambre, le jour de votre départ.

Et il lui remit la bague qu'Hélène lui avait donnée un soir, dans le jardin, sur le banc de pierre, en lui promettant de l'aimer toujours. Hélène la prit et se détourna pour cacher ses larmes. Ce n'était pas l'amour de Sylvain qu'elle pleurait, mais ses rêves, ses espérances ; aussi peut-être un autre amour, dont j'avais surpris le douloureux secret dans son cœur.

— Ce n'est pas tout, dit Sylvain ; Marie m'a bien recommandé de lui ramener sa mère et sa sœur ; je ne partirai pas sans vous. Vos chambres vous attendent à Saint-Gabriel. Allons, mademoiselle Hélène, il faut revenir au pays. L'air de nos campagnes vous fera du bien. J'ai planté, le long du mur du jardin, des rosiers qui ont fleuri tout exprès pour embaumer votre retour.

Hélène secoua la tête. Sa mère et moi, nous joignîmes nos instances à celles de Sylvain, mais vainement : la cruelle enfant fut inflexible.

— Pars, dit-elle à sa mère; retourne près de Marie, tu seras plus heureuse avec elle. Moi, je reste, je dois rester; il faut que ma destinée s'accomplisse.

— Si tu restes, je reste; mais, mon enfant, qu'allons-nous devenir?

Ni ses larmes, ni mes prières, ni le désespoir de Sylvain ne purent décider Hélène à quitter Paris. Quel lien la retenait? La muse? l'amour de la gloire? Quelque autre amour brisé qui voulait mourir, comme le lierre, aux lieux où il s'était attaché? C'est ce que nul n'a pu savoir. Toujours est-il que Sylvain retourna seul à son village.

Près de partir, il me demanda la permission de m'embrasser, ce que je lui accordai de grand cœur.

— Et la *Biche?* lui demandai-je.

— Morte de vieillesse.

— Et Marie?

— Elle a promis de me donner un petit Sylvain.

A quoi bon prolonger plus longtemps cette triste histoire? Un jour, je trouvai Hélène agenouillée au pied du lit de sa mère. Madame Vaillant était morte ; avant d'expirer, elle avait fait jurer à Hélène qu'elle retournerait au village.

En effet, elle partit au bout de quelques mois, l'âme et le corps brisés. Arrivée à Saint-Gabriel, elle aperçut de loin, sur le pas de la porte du *Point du Jour,* Marie qui allaitait son enfant, tandis que Sylvain, debout auprès d'elle, la regardait avec joie et avec amour. Elle s'arrêta quelques instants à contempler le tableau de ce bonheur doux et paisible.

Avez-vous jamais lu sans attendrissement un passage de *Don Quichotte*, celui où le héros de la Manche revient au gîte après sa première excursion? Il rentre roué de coups et s'arrête au milieu de sa cour à regarder mélancoliquement ses plates-bandes de fleurs et de légumes, ses canards qui barbotent dans la mare, sa nièce et sa gouvernante qui ravaudent leurs bas sur le seuil de la porte ; d'un côté la poésie qui est allée courir les champs et qui rentre écloppée, n'en pouvant plus et tirant de l'aile ; de l'autre, la prose qui est restée au logis, les pieds dans la flanelle, et qui n'a point enrhumé son bonheur.

UNE FEMME SACRIFIÉE.

I

A peine le soleil fut-il couché, que la noble compagnie reprit le chemin du Château, tout en jetant un regard d'adieu à l'horizon légèrement rougi.

— Avant d'aller à ce spectacle d'un soleil couchant en Bourgogne, dit le jeune vicomte en pirouettant un peu, de quoi était-il question, s'il vous plaît?

— Il était question de mariage, dit le maître de requêtes en service extraordinaire ; c'est un chapitre qui n'en finit pas, on y revient toujours. Après tout, Messieurs, songez-y bien, le mariage est un refuge sacré pour le cœur, pour l'esprit et pour la fortune.

— *Errata,* dit le jeune vicomte ; mettez le substantif après l'adjectif.

— Vous avez pardieu bien raison ! s'écria avec feu le maître du château, qui était devenu rêveur ; le mariage est un champ clos où combattent deux bêtes plus ou moins féroces : il y a toujours une bête qui dévore l'autre. Je vous le demande, est-il raisonnable de joindre à la même chaîne deux créatures faites presque toujours pour ne pas s'entendre : l'une vient avec sa passion, l'autre avec son sentiment ; celle-ci avec sa prose, celle-là avec sa poésie. Écoutez une petite histoire.

La compagnie alla s'asseoir sur les chaises

rustiques du préau; et, en attendant les dames attardées dans l'allée des lilas, le maître du château prit ainsi la parole :

II

En 1837, pendant les neiges de décembre, j'ai assisté, dans une petite église de Picardie, au mariage de mademoiselle Clotilde Lecointe et de M. Léon Dubacq. C'étaient deux épousés d'un abord aimable et presque gai. M. Léon Dubacq devenait tout à la fois notaire et mari. Il achetait son étude quatre-vingt mille francs ; il acceptait sa femme moyennant cinquante mille francs ; et, durant la messe de mariage,

il devait faire une soustraction fort agréable :
voilà à peu près la cause de sa demi-gaîté. C'était d'ailleurs un charmant garçon ; il se gardait bien de dire une chose qu'on n'eût dite
avant lui : le plus souvent il ne disait rien et
n'en pensait pas plus ; il parlait mal de la république, ne parlait pas de la religion, épelait
à grand'peine les arts ; mais en revanche il
s'entendait à merveille à la déification de l'argent. Tous les sentiments humains devaient,
s'il fallait l'en croire, sacrifier à ce culte. En
un mot, la petite monnaie avait rouillé son
cœur. Pour ce sujet, il se permettait de n'être
pas de l'avis de M. Scribe et consorts de l'Opéra-Comique. Avec tout cela, M. Léon Dubacq avait une de ces figures vulgaires qui faisaient dire à Montaigne : « J'ai toujours le
temps de voir celle-là », ou plutôt, comme dit
Salomon au livre de la Sagesse : Une effigie
sans âme, *Effigies sine animâ*.

Pour mademoiselle Clotilde Lecointe, c'était une beauté de vingt ans, brune, folâtre, enjouée, tantôt pleine d'ardeur, tantôt pleine de nonchalance, selon la rêverie ou la gaîté. Par malheur, elle était bien loin de son mari dans la vallée humaine; au lieu de suivre la route commune, elle s'égarait à tort et à travers dans les sentiers détournés. Et pourtant, s'il faut en croire le mariage, la voilà destinée à suivre pas à pas M. Léon Dubacq. Ne vous y fiez pas trop. L'enjouement que je lui voyais le jour des noces lui venait de je ne sais où, ni elle non plus; mais, croyez-moi, le cœur n'était pour rien dans ce souvenir-là; elle se mariait par curiosité, par soumission, et surtout par la peur d'être encore fille à vingt-et-un ans : c'était donc l'espérance qui souriait.

Le surlendemain des noces, comme M. Léon Dubacq venait de s'éveiller, et que Clotilde, qui ne dormait plus depuis longtemps, cherchait à recueillir la poésie du mariage, on les vint avertir qu'un de leurs cousins se mourait des suites d'une chute.

— Le pauvre garçon ! dit le notaire, il laisse de beaux enfants et une belle fortune. Voilà un inventaire qui durera longtemps. Ah çà ! j'espère bien qu'ils vont penser à moi : il nous faut aller tous les deux à l'enterrement.

Clotilde soupira :

— Voilà donc tout ce qu'il trouve dans son cœur, dit-elle.

Déjà l'hymen l'éblouit un peu moins ; plus d'un flambeau venait de s'éteindre.

Quelques jours après, Clotilde vit Léon Dubacq s'agiter beaucoup pour un mauvais mariage dont il devait faire le contrat. Elle s'effraya de son sort ; elle prévit que l'argent allait envahir son mari et dessécher son âme. Elle pleura en silence ses douces illusions qui se brisaient les ailes dans cette atmosphère. Après six mois de mariage, la pauvre femme était déjà toute pâlissante ; elle s'était glacée et flétrie sous les mains monnayées du notaire ; elle n'avait plus pour horizon qu'une muraille de sacs d'argent. Pourtant elle n'était pas perdue sans retour, elle devait refleurir et revoir le ciel ; mais si peu de temps !

M. Léon Dubacq amenait à déjeuner à sa femme, au moins une fois par semaine, un rustre fort laid et fort sale, mais faisant beaucoup d'affaires ; ce rustre, qui s'appelait le père Margot, avait à Paris un fils dans le notariat. Le père Margot, peu édifié de la vie aventureuse de M. Margot fils en la grande ville, finit par le rappeler en province bon gré mal gré. Dès que le veau gras fut tué, notre rustre alla trouver notre notaire :

— Monsieur Dubacq, j'ai bien envie d'acheter les restes de la ferme du Vieux-Mont. Il y a encore, si j'en crois ma mémoire, soixante-sept arpents passés, il me faudrait vendre mes vignes d'Ambleny, tant mieux pour vous. Qu'en dites-vous ? Mon fils me le conseille. A propos, mons fils nous est revenu, c'est un garçon de bonne volonté; j'avais envie de vous l'amener. Ce diable d'enfant parle affaire comme un avocat. Et quand il a la main à la plume, c'est encore bien mieux : comme on dit, il écrit comme un notaire : en voulez-vous ? Je serais bien aise de le voir en si bonnes mains, qu'en dites-vous ? On m'a bien parlé de notre voisin le notaire de Favières, mais...

— Comment donc ! monsieur Margot, interrompit M. Dubacq en dissimulant son dépit. Je serais enchanté d'avoir M. votre fils en mon étude.

— N'en parlons plus, monsieur Dubacq ; s'il prend pied en province, vous aurez la préférence. Revenons à nos moutons.

Le père Margot se mit à reparler de la ferme

du Vieux-Mont, riant sous cape des promesses d'actes qu'il donnait au notaire. Le lendemain, Édouard Margot entra en l'étude du Vieil-Arcy.

A son arrivée, Clotilde qui se trouvait sur le perron, fut très surprise de voir dans le fils du père Margot un beau garçon, pâle, rêveur, attristé. Il s'inclina devant elle avec beaucoup de grâce et de laisser-aller; il lui jeta au passage un de ces regards de serpent qui se glissent si loin dans le chemin du cœur. Édouard Margot était passé-maître à l'école de la séduction : à Paris, il avait écrit plus de billets doux aux Philis de la rue Montorgueil que d'inventaires et de contrats de mariage. Il revenait en son pays pour faire une fin. Vous verrez comment cela se fit, ou plutôt ne se fit pas.

Clotilde ne put apaiser tout à fait la petite agitation qui l'avait surprise à l'arrivée d'Édouard Margot.

— Est-ce que je ne l'ai pas vu autrefois ? se demanda-t-elle en rêvant.

Les jours d'après, plus elle le revoyait et plus elle le trouvait *avenant au cœur*. Il avait auprès d'elle la voix attendrie et les façons galantes. Il parlait avec une belle ardeur des merveilles et des magies parisiennes ; avec un noble enthousiasme, des poésies mondaines qu'au Vieil-Arcy on rêvait (et encore à la dérobée), mais qu'on pressentait à peine. Il parlait avec un magnifique dédain de la vie insipide, ou plutôt, suivant son mot, « de la mort dans la vie » qu'il fallait supporter en province. Pendant qu'il disait toutes ces choses, pendant qu'il jetait violemment Clotilde hors de son chemin par la peinture de ce monde parisien qui est un monde de fées pour les jeunes âmes exilées, le notaire songeait que le père Margot lui donnait, bon an mal an, vingt-cinq actes des plus beaux. Pour ce prix là, certain notaire perdrait sans sourciller vingt-cinq fois le cœur de sa femme.

Un soir surtout, Clotilde se laissa séduire aux divagations poétiques d'Édouard Margot. Elle raccommodait à une fenêtre je ne sais quel vêtement prosaïque de son mari; Édouard passant là au retour d'une petite promenade lui offrit une branche de genets qu'il avait cueillie en chemin. Vous pensez bien qu'en le voyant venir, Clotilde avait jeté à ses pieds le vêtement en question. Elle rougit un peu, mais Édouard ne pouvait-il pas croire qu'elle rougissait pour ses beaux yeux. A propos de la branche de genets, il se rappela une charmante course à cheval dans le bois de Boulogne avec une quasi-grande dame au temps où fleurissent les genets. Il laissa parler tout haut ses souvenirs, et Clotilde écouta avec ardeur tous les jolis détails de la promenade : le soleil couchant au trave⋯ ⋯rbres, les oiseaux effarouchés, l'éclat de la verdure et du ciel, l'amazone flottante à la brise, les regards perdus dans le ciel, même quand les amants se regardaient, les mains qui se touchaient toutes frémissantes, enfin le baiser, non pas le baiser de Saint-Preux et de Julie, mais plus doux peut-être : un baiser pris avant d'être accordé, et accordé pendant qu'on le prenait afin qu'il durât plus longtemps. Clotilde soupira et fut jalouse ; pourtant elle n'aimait point Édouard : elle était jalouse du bonheur d'une autre. Elle savait tous les devoirs du mariage, et malgré son désenchantement, malgré les fascinations d'Édouard Margot qui jouait auprès d'elle le rôle du serpent de la Genèse, elle n'avait pas l'idée de la révolte. Seulement elle songeait à faire éclore sous le toit conjugal la poésie tant désirée, et dans ce dessein elle labourait (si je puis parler ainsi) l'âme de son mari, mais c'était perdre son temps. Elle eut beau faire, l'argent avait passé par là : l'âme était à jamais dévastée.

III

Cependant, loin de désespérer, elle renouvelait sans cesse ses vaines tentatives. Un jour, entre autres, elle emmena son mari dans la belle vallée du Vieil-Arcy, vers le coucher du soleil. La nature versait négligemment toutes les ivresses du soir; Clotilde rencontrait à chaque pas un tableau, un frémissement, un parfum, une chanson; mais qu'y avait-il de commun entre tous ces trésors de la nature et notre notaire? Je me trompe : pour les uns l'amour est partout, pour les autres l'argent est partout. Ainsi, en voyant un beau pré en fleur bordé de saules et d'oseraies, où chantait le grillon, où bourdonnait l'abeille, le notaire se mit à raconter comme quoi ce pré était grevé d'un grand nombre d'hypothèques, lesquelles hypotèques ne s'éteindraient que par une vente forcée, laquelle vente serait faite en son étude et par son ministère.

La pauvre Clotilde s'éloigna du notaire avec dépit.

— Les beaux myosotis! s'écria-t-elle en descendant sur le pré.

Un peu plus loin, le notaire et sa femme (puisque femme il y a) abordèrent un petit bois de coudriers qu'un poète eût appelé *bocage*. Les ramiers s'endormaient dans leurs roucoulements affaiblis, le rossignol solitaire recommençait son chant élégiaque. Clotilde écoutait déjà avec son âme, quand son mari, c'est-à-dire le notaire, s'écria :

— Parbleu ! voilà ma foi un beau taillis ! M. Leroux me donnera cela à vendre cet automne, vers les premiers brouillards. Trois arpents et demi que je diviserai en vingt-cinq lots. Voilà un petit acte à enregistrer dans ma mémoire, en attendant mieux.

Clotide soupira.

Au sortir du petit bois les promeneurs se trouvèrent sur la pâture communale. Le pâtre rappelait ses vaches éparpillées, le taureau brun bondissait en mugissant, l'*Angelus* sonnait au Vieil-Arcy, deux chevaux hennissaient au bout d'un sillon, les raines commençaient leurs ramages plaintifs : jamais paysage ne fut plus doux ni plus animé.

— Voilà encore la poésie, pensa Clotilde.

Mais à peine avait-elle ainsi pensé, que l'impitoyable notaire parla ainsi :

— Il est urgent de vendre au plus tôt ces *communaux*, d'autant plus que la vente sera faite pardevant moi,

— Vous allez gâter tout le paysage, dit Clotilde.

— Le beau paysage ! dit le notaire, une vaste étendue qui ne *produit rien*. Pensez-y donc un peu : une vente par adjudication de près de cent arpents ! c'est un acte qu'il faut que je fasse ; je ne suis pas conseiller de la commune pour le roi de Prusse. Je ferai tant des pieds, de la tête et des mains que j'en viendrai à bout.

Le soleil s'était couché ; Clotilde rentra en pleurant et en maudissant sa promenade.

Tout espoir, pourtant, n'était pas perdu. Un matin de la même semaine, Clotilde traversait la cour après avoir, suivant sa coutume, fait l'aumône à la grand'porte. En tournant la tête par distraction, elle entrevit à travers un arbre de Judée, dont le vent agitait les grappes rouges, le notaire assis devant la fenêtre de son cabinet, la tête penchée, le regard inspiré, le front doucement illuminé par un rayon de soleil ; il lui sembla si attrayant alors que, dans l'oubli de ses désenchantements, elle s'avança vers lui à pas de loup, et le surprit par un doux baiser.

— Tu m'as fait peur, lui dit-il presque avec ennui ; va-t'en, je suis là dans le labyrinthe d'une liquidation. Vois, plutôt, ce dédale de chiffres ! J'en sortirai, poursuivit-il ; mais va-t'en.

— Quoi ! tu écrivais des chiffres, murmura Clotilde avec stupeur. En vérité, à voir le feu de tes yeux et l'éclat de tes lèvres, je croyais que tu écrivais tout autre chose.

— Me croyez-vous assez bête pour écrire

des élégies ou des oraisons funèbres ? C'est bon pour les poètes et les maîtres d'école.

La pauvre Clotilde s'en alla tout éclopée. Quand la liquidation fut terminée, le bienheureux notaire voulut embrasser sa femme.

— Bah ! dit-elle en le repoussant, l'amour est bon pour les poètes et les maîtres d'école. Un notaire amoureux ? allons donc ! L'âme d'un notaire est une feuille de papier timbré, l'amour n'a rien à faire là-dessus. Va-t'-en !

Comme on voit, l'esprit et la vengeance étaient de la partie : l'honneur du notaire fut en danger ; et la preuve c'est qu'il ne s'en doutait pas le moins du monde : la sécurité du mari ne présage jamais rien de bon. Ainsi le soir même, pendant que Clotilde se promenait dans le jardin, Léon Dubacq pria Édouard Margot d'aller arroser ses dahlias. Après avoir regardé le jeune homme, Clotilde voulut arroser à son tour. Il fallait voir avec quelle grâce

Édouard offrait l'arrosoir aux belles mains de Clotilde, avec quelle ardeur il donnait à la jeune femme une leçon de botanique. Elle arrosait en soupirant, elle écoutait sans entendre. Tout à coup, au bord d'un massif, elle s'arrêta toute pensive et tout attristée; elle venait d'entrevoir sous un rameau touffu de chèvrefeuille une pauvre petite rose qui allait se flétrir à l'ombre. Edouard voyant que Clotilde regardait cette fleur, dit d'un ton plaintif :

— Cette pauvre petite qui pousse à l'ombre!

— Aussi, murmura Clotilde avec un soupir, voyez comme elle pousse mal.

Édouard détourna le chèvrefeuille comme pour obéir à la pensée de la jeune femme; mais le rameau résista; Clotilde y porta la main sans y penser : les deux mains se touchèrent. Madame Léon Dubacq s'enfuit, tout émue et toute rougissante, sans avoir la force d'en vouloir à Édouard.

IV

Enfin le notaire, ayant surpris quelques œillades adressées à sa femme par Édouard Margot, résolut de se défaire de ce dernier. Le père Margot, cependant, amenait toujours beaucoup d'affaires à l'étude ! Et puis il venait de tomber malade ; il avait une fille en mauvais chemin ; il la voulait abandonner même après sa mort : donc il devait faire un testament.

— Et quel testament ! s'écriait le notaire en taillant sa plume.

Il fit ce testament; mais il était encore irrésolu, lorsque le père Margot rendit le dernier soupir.

— Le bonhomme meurt à propos, dit-il.

Et regardant sa femme en face :

— Après l'inventaire et tout ce qui s'ensuivra, je ferai faire un pas de clerc à M. Édouard Margot, qui perd son temps ici.

Clotilde fut indignée. Jusque-là elle avait rigoureusement enchaîné sa pensée; dès cet instant elle la laissa faire. Ainsi, un jour qu'elle se trouvait seule avec Édouard, elle mit tant d'abandon dans son charmant babil, que notre amoureux ne craignit pas de lui dévoiler son cœur.

— L'amour a d'étranges surprises, lui dit-il tendrement; croiriez-vous, madame, que j'aimais depuis quatre ans une femme de ce pays, sans m'en douter et sans savoir pourquoi. Enfin j'ai deviné cette énigme du cœur. Il y a quatre ans, comme j'allais monter dans la diligence de Paris, mon regard s'arrêta (comment ne pas croire à la destinée!) sur une belle fille de dix-huit ans qui s'était mise à la fenêtre pour voir partir les voyageurs. A cette apparition charmante, j'oubliai toute ma famille, et, malgré les attraits de Paris, je regrettai presque de ne pas rester à S... Après avoir embrassé mon père et ma sœur, je ne pus m'empêcher de faire un signe d'adieu à cette belle fille qui me regardait.

— Quoi, c'était vous! dit Clotilde en rougissant.

— Ah! vous ne l'avez donc pas oublié, madame.

— Mon Dieu non, et j'avoue que je vous ai vu partir avec une peine secrète. A dix-huit ans le cœur a des enfantillages sans nombre.

Ah ! c'était vous ! Je ne sais pourquoi l'autre jour ce souvenir m'est revenu et j'ai pensé à vous. En vérité ce soir là j'ai refermé ma fenêtre avec une tristesse infinie.

On comprend bien que ce souvenir était fatal à M. Léon Dubacq; mais, comme il l'avait dit, aussitôt que la succession Margot n'eut plus rien à démêler avec le notaire, cet héritier en ligne directe de toutes les successions, il fallut bien qu'Edouard partît.

Un jour, pendant le dîner, Edouard s'avisa de plaindre je ne sais plus quel républicain célèbre qui allait périr sur l'échafaud. Le notaire déclara qu'il serait content de voir tomber une si mauvaise tête. Edouard irrité parla de lâcheté, le notaire, qui attendait ardemment une pareille rencontre, pria son clerc de chercher un notaire qui fût de son avis sur les choses du gouvernement. Edouard repartit que cela tombait à merveille, qu'on l'attendait depuis un mois à Paris, qu'il n'était resté si longtemps au Vieil-Arcy que parce qu'il croyait sa présence nécessaire pour les affaires de son père.

— Maintenant, poursuivit-il avec ironie, maintenant que toutes les affaires sont faites, je puis partir n'est-ce pas? Consultez bien votre répertoire s'il vous plaît. N'y a-t-il plus quelque petit acte retardé par oubli?

Le notaire voyant bien qu'Edouard allait partir, eut l'air de revenir un peu sur ce qu'il avait dit.

— La raison qui me guide, c'est que vous perdez votre temps ici.

—Oui, je perds mon temps, dit Edouard en regardant Clotilde qui était pâle comme un mort; mais, reprit-il, il y en a bien d'autres qui perdent leur temps.

Il s'en alla à l'étude pour se disposer à partir. Comme il feuilletait ses papiers, le notaire et le second clerc sortirent pour un contrat de mariage au château voisin. Edouard demeura seul à l'étude ; tout en feuilletant ses papiers, il s'abandonna paisiblement à la magie de ses souvenirs : toute sa jeunesse repassa devant lui, traînant sur ses pas les jeunes et les tendres maîtresses. En revoyant ainsi toutes ces ombres aimées, il ramassait les lambeaux épars de son âme. D'abord c'était quelque blonde fille du village natal délaissée pour une grisette de la ville voisine ; après celles-là, il voyait revenir une choriste, une quasi grande dame ; enfin, vous savez, toutes ces menues vertus parisiennes qui dépensent leur temps et même leur cœur suivant la parole de l'amour. Il en était là de ses souvenirs, lorsque tout à coup la porte s'ouvrit et Clotilde entra d'un pied chancelant.

— En effet, murmura-t-il, celle-là manquait au tableau, si j'en crois mon cœur.

Il se leva, fit un profond salut et se remit silencieusement à sa table.

— Vous allez partir, dit Clotilde en s'approchant un peu.

— Oui, madame, répondit-il tristement.

Elle soupira et baisa les yeux.

— Ah! si vous saviez comme je souffre ici Je voulais dire comme je m'ennuie, vous ne partiriez pas.

Elle rougit et détourna la tête. Edouard s'élança vers elle, lui saisit la main; et, la regardant avec une tendresse presque fraternelle :

— Je le sais bien, dit-il.

Clotilde, s'abandonnant à sa douleur, cacha son front sur le sein d'Édouard, et pleura comme un enfant.

— Vous retournez à Paris; vous allez voir toute les fêtes du monde, moi, je reste au désert...

— Au pied d'un mur d'airain, poursuivit

Édouard ; Dieu ne vous avait point faite pour cela ; il vous préparait, comme aux autres, les joies du cœur et de l'esprit. Croyez-moi, Madame, croyez-moi, ne restez pas ici, tout le monde vous appelle ailleurs, et Dieu ne s'offensera pas de nous voir partir ensemble.

Clotilde, tout effarée, se détacha du bras d'Édouard, soit par crainte, soit par dignité.

— Vous abusez de ma faiblesse, Édouard ; je venais, en loyale amie, vous dire mes regrets et vous faire mes adieux. Je croyais vous trouver meilleur ; je ne croyais pas rencontrer en vous un ennemi.

A peine eut-elle dit ces mots, que la porte se referma sur elle. Édouard se mordit les lèvres, il n'osa la rappeler, ni la suivre ; il partit sans la revoir.

De retour à Paris, il ressentit de violentes inspirations vers le Vieil-Arcy. Il passait son temps dans une oisiveté mélancolique ; jamais oisiveté ne fut moins parisienne. Dès qu'il se trouvait seul, il promenait sa rêverie dans le beau jardin du notaire ; il revoyait sans cesse cette persienne verte qui tous les matins s'ouvrait comme par enchantement pour lui offrir l'image de Clotilde. Il ressaisissait avec une folle ardeur tout le beau temps poétique de cet amour naissant qui s'ignorait. Il tendait les bras, ou plutôt son âme battait des ailes vers Clotilde.

— Clotilde! Clotilde! s'écria-t-il. Ah! je vous parlais de fêtes, les fêtes ne sont qu'auprès de vous.

V

Cependant Clotilde, plus loin que jamais de tout rayon de soleil, arrivait à la poésie par la douleur, à la poésie de la mort. Il neigeait autour d'elle, la brise soufflait sur son cœur, l'hiver flétrissait son printemps. Un jour, au grand dépit de son mari, qui n'aimait les médecins que comme les aiment les notaires, un médecin fut appelé pour délivrer Clotilde du mal inconnu qui la ravageait. Après bien des recherches, le médecin qui n'était que médecin du corps, demanda à la malade *ce qu'elle avait.* Ce que j'ai ne regarde pas les médecins, dit-elle avec un doux et triste sourire. C'est l'âme qui est malade.

Le médecin eut beau faire, il ne sut rien.

Un matin, Édouard Margot qui commençait à oublier la douce figure du Vieil-Arcy, rencontra dans l'escalier la petite fille de la portière, jouant avec une lettre. Par pressentiment, il saisit cette lettre, et, voyant son nom, il brisa le cachet avec une agitation violente.

Le conteur s'interrompit pour prendre son portefeuille.

— Cette lettre, messieurs, la voici tout en lambeaux, mais lisible encore ; je la garde comme un chef-d'œuvre de douleur naïve.

Vieil-Arcy, avril.....

« Mon ami, je vais mourir, et je veux encore vous dire adieu : il y a un an vous m'avez interrrompue, méchant! Aujourd'hui je n'ai plus peur de vous, la mort est là pour me défendre; d'ailleurs vous êtes si loin! Je vous aimais! vous le saviez, l'avez-vous oublié? Dites, avez-vous oublié que je vous aimais? On me le dira là-haut. Je vous aimais, mais tout bas, sans le savoir; pourquoi me l'avoir dit tout haut. Sitôt que vous vous êtes éloigné je l'ai su, et je m'en suis réjouie sans peur de mal faire : il n'y a entre M. D... et moi qu'une simple feuille de papier timbré, c'est-à-dire un contrat de mariage, le cœur n'était pour rien là-dessus; et puis le bon Dieu pardonnera à une morte de vingt-trois ans. Hélas! oui, je vous aimais! le vent ne vous l'a-t-il pas dit?

J'étais si folle ! j'allais jeter des bouquets cueillis en pensant à vous dans la petite rivière qui coule de votre côté. Ah ! si j'avais écouté mon cœur, j'eusse suivi mes bouquets. Mais dans ce monde-ci tout s'arrange si mal qu'on ne peut jamais écouter son cœur : j'ai donc retenu mon cœur à deux mains. Ne m'oubliez pas de suite.

« Ils sont très étonnés de me voir mourir. Pourquoi meurt-elle ? disent-ils sans cesse. Les imbéciles ne voient pas que depuis deux ans je suis plus d'à moitié morte : la mort a commencé par le cœur. Je ne parle pas de votre amour, que je ne dois goûter que dans un autre pays, *dans l'autre monde*, comme on dit. Je pressens déjà ce pays-là. Ah ! si j'avais attendu pour me marier. Pourquoi êtes-vous venu si tard ? trop tard... Au lieu de faire un signe d'adieu le jour de votre départ pour Paris, vous savez, il y a quatre ans, quand le notaire n'avait point passé par là, il fallait venir me prendre et m'emmener avec vous. M. le curé doit venir ce soir ; je vais donc me confesser pour la dernière fois. Quels yeux il va me faire quand je vais lui dire que je vous aime ! C'est un homme de cœur, il me comprendra peut-être. Je voudrais bien être au bout de tout cela ; c'est, du reste, une bonne chose que la recommandation de Dieu pour partir. Je sens qu'il n'y en a plus pour longtemps. Mon père et ma sœur me désolent par leurs larmes. En vérité on a bien raison de dire que ceux qui s'en vont pleurent moins que ceux qui restent. Le notaire (il le sera jusqu'à la fin) s'occupe beaucoup des affaires de l'étude ; deux fois par jour, cependant, il vient me dire que tout ira bien. oui, tout ira bien. Celui-là se consolera sans peine, d'autant plus qu'après ma mort il faudra un inventaire. Il est vrai qu'il ne pourra pas le faire lui-même ; c'est égal, il en prendra les honoraires.

Après tout, c'est un honnête homme; il m'aime à sa façon, quand ses affaires sont faites. J'ai pris pitié de sa passion pour l'argent; j'ai dans mon testament mis quelque chose pour lui. Ah! si on faisait le testament du cœur !... Mais pourquoi vous dire tout cela, il me semble qu'ici le cœur ne parle pas : il a pourtant mille choses à vous dire, mais comment dire ces mille choses avec une plume? í vous étiez là, à la bonne heure. Si vous étiez là, penseriez-vous encore à partir ensemble? Je m'en vais toute seule... Plus tard, dans un demi-siècle, vous me suivrez jusqu'au bout de mon voyage; mais alors je serai bien loin de votre cœur. Penserez-vous à moi, le soir, au coin du feu, sur le bord d'un chemin. Soyez tranquille, si les morts reviennent je reviendrai pour vous. Hélas! je reviendrai pour vous surprendre en d'autres amours, et j'irai me recoucher plus froide encore au fond de ma fos se. C'est ma sœur qui vous enverra cette lettre. Si son mari meurt, comme on le pense, épousez-là. Vous savez qu'elle me ressemble, si ce n'est qu'elle est plus belle que moi [*]. Que faites-vous pendant que je vous écris? Ne vous promenez-vous pas encore au bois, Monsieur, avec une belle dame comme autrefois? J'aime mieux vous croire seul à votre fenêtre rêvant au temps passé : Ne suis-je pas un peu dans votre temps passé? En vérité, si je n'étais bien sûre de mourir aujourd'hui je n'oserais vous écrire de cette façon. En vous parlant du temps passé, je réveille encore une fois mes souvenirs. Est-ce bien là des souvenirs? Les vôtres à la bonne heure. Vous rappelez-vous ce soir où nous arrosions ensemble les dahlias? Il y avait sous une branche flétrie de chèvrefeuille une pauvre petite rose qui al-

---

[*] Ces trois lignes étaient biffées.

lait mourir faute de soleil. Vous vous êtes écrié : Cette pauvre petite qui pousse à l'ombre. — Aussi, vous ai-je dit : voyez comme elle pousse mal. Vous avez détourné la branche avec une sollicitude d'amant... et je me suis sentie jalouse de cette rose : c'était l'image de ma vie... Le lendemain je l'ai revue qui brillait au soleil; moi j'étais plus pâle encore que la veille, et déjà... »

Ici finissait la lettre de Clotilde; il y avait bien encore quelques mots, mais tout à fait illisibles. Le curé de Vieil-Arcy était venu la surprendre, et ensuite la mort ; ou plutôt ses parents, qui pleuraient à son lit, ne lui avaient pas laissé le temps d'aller plus loin dans son élégie.

Une autre main, celle de sa sœur, avait écrit ces lignes au revers de la seconde page :

« Clotilde est morte, monsieur; elle est morte hier à sept heures du matin. J'entends déjà les cloches qui l'appellent pour la dernière fois à l'église du Vieil-Arcy. J'ai moi-même tout à l'heure enseveli ma pauvre Clotilde. Selon son dernier vœu, j'ai mis sur son cœur une branche de genêts et une petite rose séchée depuis longtems, que j'ai prise dans son livre de messe. »

VI

Edouard fut attéré par cette lettre. Il partit le même jour pour la Picardie ; quand il arriva au Vieil-Arcy l'herbe poussait déjà sur la fosse de Clotilde ; déjà, hélas ! on avait amené de la ville voisine un monument destiné à rappeler les vertus de la pauvre défunte, c'est à dire, ne vous y trompez pas, destiné à rappeler que le notaire savait faire les affaires des morts comme celles des vivants. En allant au cimetière, Edouard ayant vu ce monument à la porte, écrivit ce petit billet à M. Léon Dubacq :

« Monsieur,

« Vous avez bien assez enterré mademoiselle Clotilde Lecointe. Je vous prie de ne point ajouter une nouvelle pierre à son tombeau. Vous l'avez mise à l'ombre pendant sa vie, retirez-vous au moins du soleil qui va sur la terre où elle repose.

EDOUARD MARGOT. »

Le monument est toujours à la porte du cimetière, ce qui fait encore parler de Clotilde. S'il était sur sa fosse, tout serait dit. Pauvre Clotilde !

FIN.

SCEAUX. — Impr. de E. Dépée.

TABLE.

	Pages.
Milla.	1
Hélène Vaillant.	193
Une Femme sacrifiée.	279

Sceaux. — Impr. de E. Dépée.

www.ingramcontent.com/pod-product-compliance
Lightning Source LLC
Chambersburg PA
CBHW060356170426
43199CB00013B/1894